商业保理培训系列教材

商业保理风险管理实务与案例

聂　峰　谈　亮　马泰峰　主编

复旦大学 出版社

丛书编委会

顾　问
韩家平　时运福

主　任
陈霜华　曹　磊　万　波

编　委
（按姓氏笔画排序）

Lee Kheng Leong　　马泰峰　　王宏彬

孔炯炯　叶正欣　杨新房　张乐乐

张继民　林　晖　胡俊芳　祝维纯

聂　峰　谈　亮　奚光平　蔡厚毅

序一　关于保理业务的几点认识

依据提供服务的主体不同,我国保理行业分为银行保理和商业保理两大板块。根据国际保理商联合会(Factoring Chain International,以下简称"FCI")的统计,自2011年以来,我国已经连续四年成为全球最大的保理市场。由于商业保理行业2013年刚刚起步,业务规模尚小,所以目前我国绝大部分的保理业务来自于银行保理板块。当前,我国保理行业呈现出多元、快速、创新的发展态势,成为国内外贸易融资领域关注的焦点。

然而,在我国保理业务量领先全球和商业保理市场蓬勃发展的同时,国际保理界同仁对我国保理行业的质疑声也一直不断,我国很多保理专家也表达了相似的观点,比如中国目前开展的"保理业务"是否是真正的保理业务等。对此,我们应该给予高度重视,并结合中国保理实践的发展进行深入研究。下面,根据我对国内外保理市场的调研和观察,谈一下关于保理业务的几点认识,供大家参考。

一、保理业务的内涵与外延

根据FCI的定义,保理业务是指保理商以受让供应商因销售商品或提供服务而产生的应收账款为前提,为供应商提供的(如下四项服务中的两项以上)综合性金融服务:① 应收账款融资;② 销售分户账管理;③ 账款催收;④ 坏账担保。《牛津简明词典》对保理业务的定义更加简明扼要、直指本质:保理业务是指从他人手中以较低的价格购买债权,并通过收回债权而获利的经济活动。

根据上述定义,保理业务是以应收账款转让和受让为前提,其本质是应收账款资产的买卖。以此为基础,受让了应收账款资产的保理商为卖方提供应收账款融资、买方付款风险担保和应收账款管理和催收等综合性服务。因此，保理业务不是一般流动资金贷款，也不是应收账款质押融资，不能将二者混为一谈。根据我的观察，国际上之所以质疑我们的保理业务，是因为我们一些银行和保理公司打着保理的名义，实际做的是流动资金贷款或应收账款质押融资。

目前，我国相关政策法规条文基本还是遵循上述保理定义的，只不过根据实践发展，我国已经把因租赁资产而产生的应收账款也纳入了保理业务的服务范围。但对于尚未履行完基础合同义务的未来应收账款可否开展保理服务、对债务人或债权人为个人的应收账款可否列入保理服务范围、对提供金融服务产生的债权、因票据或有价证券而产生的付款请求权等可否列入保理服务存在较大争论。

二、保理业务的起源与发展

保理业务起源于商务代理活动。根据资料记载，最早的保理业务可以追溯到 5 000 年前的古巴比伦时期。当时，保理商作为供应商的代理人，承担商品推广、分销、存储、运输和收款等职能，偶尔也承担坏账担保和预付款融资等功能。也就是说，最初的保理商承担了现在销售代理、物流服务和现代保理服务的全部功能。

现代保理业务起源于 17 世纪末 18 世纪初的英国。当时因工业革命的影响，英国的纺织工业得到了迅猛发展，向海外销售纺织品成为资本主义初期经济扩张的必由之路。由于出口商对进口商当地的市场情况和客户资信了解甚少，因而多以寄售方式销售，进口商负责货物的仓储、销售和收款，并在某些情况下提供坏账担保和融资服务。

19 世纪后半叶，美国作为英国的海外殖民地，吸收了大量的欧洲移民，而英国经济正处于蓬勃发展阶段，向海外大量销售消费品。为保障贸易的顺利进行，英国出口商在美洲当地选择了一些商务代理机构，负责销售货物并保证货款的及时结清。随着交通和通信技术的发展，后来部分代理机构逐渐将销售和存储职能剥离出去，专门负责债权收购和坏账担保，演变成为为供应商提供应收账款融资和买方付款担保的现代保理服务。1889 年，纽约一家名为澳尔伯·多梅里克的保理公司率先宣布放弃传统的货物销售代理和仓储职能，但继续为其委托人(欧洲的出口商)提供收购应收账款债权和担保付款的服务，成为美国现代保理业务诞生的标志性事件。

20世纪60年代,美式保理传入英国,并与英式保理(主要形式是银行提供的以不通知买方为特征的"发票贴现"业务)融合,并逐渐在欧美国家流行,70年代后传入亚洲。

随着保理行业的发展与完善,国际保理组织也日益成熟。2016年之前,国际上规模较大的保理行业组织有国际保理商联合会和国际保理商组织。FCI成立于1968年,总部设在荷兰的阿姆斯特丹。FCI共有280多个会员,遍布全球73个国家和地区,为目前全球最大的国际保理商组织。国际保理商组织(International Factors Group,以下简称"IFG")成立于1963年,是全球第一个国际保理商组织,总部设在比利时的布鲁塞尔。IFG共有160多个会员,遍布全球60多个国家和地区,是全球第二大的国际保理商组织。2015年10月,两大国际保理组织决定合并,合并后的机构将统一使用FCI的名义。两大国际保理组织合并后,将在全球范围内加强保理行业发展的规范性,建立统一规则,整合数据交换系统,以此来帮助保理企业降低支出,提高抵抗风险的能力,同时积累更准确的数据,为行业的发展做出合理预测,推动全球贸易经济发展。

三、保理业务引入中国

我国保理业务起步于1987年。当年中国银行与德国贴现与贷款公司签署了国际保理总协议,在我国率先推出国际保理业务,成为中国第一家保理商,标志着保理业务在我国的正式登陆。1992年2月,中国银行成功申请加入FCI,并成为我国首家FCI会员。

1991年4月,应FCI秘书处邀请,原外经贸部计算中心(现商务部研究院)组织商务部、中国银行总行等9名专家赴荷兰、德国和英国考察保理业务,并正式将"Factoring"的中文译名确定为"保理",促进了保理业务在中文地区的推广。

2002年初发生的南京爱立信"倒戈"事件有力地促进了银行保理业务的发展。由于中资银行无法提供"应收账款融资"业务,2002年初,年结算信贷业务量达20多亿元的南京熊猫爱立信公司将其结算银行转移到外资银行,此事发生在中国刚刚加入世界贸易组织(WTO)的背景下,被媒体广泛报道,引起了央行的重视,由此推动了中国银行界普遍开始重视保理业务。为了防止此类事件的再次发生,同时保持住优质的客户资源,各家银行不约而同地加快推进了保理业务,我国保理业务也开始进入快速发展阶段。

在商业保理领域,2009年10月,经国务院同意,国家发改委批复天津滨海新区综合改革方案,可以在滨海新区设立保理公司。之后天津出现了30家左右以国际保理为业务方向的保理公司。但由于外汇政策不配套等多种原因,绝大多数公司业务没有开展起来,逐渐停业转型。2010年以后,天津又陆续成立了一些以国内保理业务为主的保理公司,商业保理业务得以快速发展。

随着国家商务部2012年6月下发《关于商业保理试点有关工作的通知》及之后出台的诸多文件,天津滨海新区、上海浦东新区、深圳前海、广州南沙、珠海横琴、重庆两江新区、江苏苏南地区、浙江、北京等地陆续开始商业保理试点,各地商业保理公司如雨后春笋般迅速发展。

四、保理是最适合成长型中小企业的贸易融资工具

提到保理业务,人们普遍认为它是面向中小企业、服务实体经济的贸易融资工具,但是,保理并不适用于所有的小微企业,它最适合于成长型的中小企业。一般而言,成长型中小企业产品和客户趋于稳定,同时业务进入快速发展期,其最大的资产就是应收账款,约占其总资产的60%,但又达不到银行贷款条件(没有足够的抵押担保和信用评级),也达不到资本市场融资条件,如果其买方的付款信用较好,那么保理业务就是其最适合的融资工具。

国内外的保理实践也表明,保理业务通过盘活中小企业的流动资产,加速应收账款回收,提高了企业运营效率,有效地支持了实体经济的发展。近年来,我国加快推动金融市场化改革,提倡金融回归服务实体经济,保理业务基于真实贸易背景、可实现对实体中小企业的精准滴灌,其作用应该给予高度重视。

五、保理是逆经济周期而行的现代信用服务业

在金融危机或经济下行周期,市场信用风险快速上升,一般金融机构均会采取信贷紧缩政策,导致市场流动性缺乏。但此时企业应收账款规模和拖欠增多,对应收账款融资和管理需求更大更迫切;同时,保理业务依托先进的风险控制模式(与核心企业信用进行捆绑)和可靠的还款来源(核心企业付款为第一还款来源),是风险相对较小的融资工具,因此保理业务具有逆经济周期而行的特点,可以发挥其他金融工具无法替代的作用。例如,根据FCI的统计,在国际金融危机期间,2009~2013年全球保理业务量增长了0.74倍,净增9 500亿欧元,年均增

速达14.8%,是同期GDP增速的4倍,而且FCI会员无一倒闭。2013年全球保理业务量首超3万亿美元。2014年全球保理业务同比继续增长3.6%,总量达到2.311万亿欧元,创历史新高。

六、保理代表了贸易金融业发展的方向

尽管保理业务在欧美国家已经有60多年广泛开展的历史,但近年来在欧美国家仍呈现快速发展态势,尤其是近20年来,年平均增长率达到11%。欧洲一直占据全球保理市场的60%,2014年仍保持了9.8%的增长,保理业务量2014年达到1.487万亿欧元,是2011年以来增长最快的一年。其中英国2014年同比增长了22%,达到3761亿欧元,其保理业务量占GDP的比重达到16.8%,继续领跑各大洲保理市场,值得高度关注。

根据FCI提供的资料,欧洲保理业务之所以近年来持续快速发展,是因为各商业银行均将保理作为战略重点业务给予了高度重视。由此可见,保理这一古老的融资工具因其基于真实贸易背景、可有效解决中小企业融资难题、逆经济周期而行等特点,在当前全球经济尚处在艰难复苏时期具有重要的现实意义,代表了贸易融资的发展方向。

2014年,全球国内保理业务量达到1.853万亿欧元,占全部保理业务量的80%,同比增长1.37%;国际保理业务量达到4850亿欧元,占全部保理业务量的20%,同比增长14%。国际保理业务增速是国内保理业务增速的10倍多,是未来保理业务增长的重要驱动力。

七、我国商业保理行业的发展趋势

2013年以来,我国商业保理行业发展迅猛。根据中国服务贸易协会商业保理专业委员会的统计,截至2015年底,全国已注册商业保理法人企业2 346家(其中2015年新注册1 217家),2015年保理业务量达到2 000多亿元,保理余额达到500亿元左右。除遵循一些与国外保理行业共同的发展规律外,中国商业保理行业的最大亮点是与电子商务、互联网金融和资产证券化的融合创新,这个领域也是保理业务增长最快的领域。例如,某大型电子商务平台下属保理公司,其保理业务已实现全程在线化管理,2014年第一年作业,保理业务量就达到120多亿元,2015年业务量达到350亿元,基本实现对平台供应商的全覆盖,平均放款速度在供应商申请后3分钟左右,年化利率控制在9%左右,有效满足了平台

供应商的融资需求。

同时，中国商业保理行业存在市场认知度低、政策法规不完善、征信体系不健全、融资渠道不畅、融资成本较高、专业人才缺乏，以及由于前期操作不慎导致的资产质量不高，在经济下行形势下部分风险开始暴露等问题。

在我国商业保理快速发展的同时，受监管政策收紧和市场风险加大、银行主动收缩等因素影响，银行保理业务2014年出现了下降的趋势。据中国银行业协会保理专业委员会统计，2014年银行保理业务量为2.71万亿元人民币，同比下降14.8%；其中，国内保理1.97万亿元，同比下降20.9%；国际保理1 211亿美元，同比上升6.13%。中国银行保理没有像欧美国家一样呈现出逆经济周期而行的特点，是否恰恰证明了我国银行所做的部分保理业务不是真正的"保理业务"，仍需要进一步研究。

总体来看，基于庞大的市场需求，只要我国商业保理行业沿着正确的发展路径，其前景是非常看好的。商业保理正确的发展路径应该是：专注细分行业领域，与银行等金融机构紧密合作，与电子商务、互联网金融、供应链金融、资产证券化等业务融合创新，从而实现依托供应链（核心企业）、建立（上下游企业）信用链、疏通（中小企业）融资链、提升（中小企业）价值链的目标，助力我国实体经济转型升级。

预计随着中国金融市场化改革的推进和互联网经济的快速发展，未来中国商业保理行业前景光明。预计"十三五"期间将是我国商业保理大发展时期，到2020年业务规模将达到万亿级规模，占到中国整个市场的三分之一。

商务部研究院信用与电子商务研究所所长
中国服务贸易协会商业保理专委会常务副主任兼秘书长　　**韩家平**

2016年2月28日于北京

序二　致行业之兴者在于人才

"治国经邦,人才为急。"无论哪一行,都需要专业的技能和专门的人才。商业保理是当今全球贸易金融创新发展的方向,是国家正在推动试点发展的新兴业态。培养具有国际视野、专业技能和管理经验的人才队伍,对商业保理行业的发展具有重要的战略意义。

人才奇缺是企业最大的焦虑,本领恐慌是人才最大的恐慌。自2012年国家商务部推动商业保理试点工作以来,商业保理企业注册数量呈现井喷式发展的态势,由初期的数十家增长到2015年底的2 346家,有没有懂保理、会管理、符合资质要求的高管人员和有没有具备商业保理专业技能的业务骨干,已经成为商业保理企业完成组建和开展业务的制约条件。

目前,国内高等院校尚没有开设专门的商业保理专业,也没有成体系的培训教材。商业保理行业的从业人员绝大多数来自金融机构或相关的经济领域,对商业保理知识和实务的学习大多来自于网络和零星书刊的碎片化知识。因此,建立培训体系、开发培训教材、统一行业语言、规范行业标准,是目前商业保理行业发展的一项非常重要的任务。上海立信会计金融学院在全国率先开设商业保理实验班,以时任上海金融学院国际经贸学院院长陈霜华教授为主组成的专门团队,制定了系列培训教材的编写计划,为商业保理行业的人才培养做了一件非常有意义的工作。

上海浦东新区是2012年最早被国家商务部列为行业试点的两个地区之一,上海浦东商业保理行业协会是国内最早成立的专业商业保理行业协会之一。协会一成立,就把人才培养和业务培训作为一项主要工作,时任协会副会长的上海立信会计金融学院陈霜华教授分工负责培训工作。在商务部商业保理专业委员会的支持下,上海立信会计金融学院、上海市浦东新区商务委员会、上海浦东商业保理行业协会联合开发系列培训教材，是产学研结合的创新实践，也是协会培训工作的重要抓手。

从五千年前巴比伦王朝的萌芽时期，到20世纪欧洲的成熟发展，伴随着全球贸易的发展进程，商业保理的理论和实践也在不断的丰富和创新。上海是一个在20世纪初就以"东方华尔街"的美誉远播四海的城市，国际金融中心、具有全球影响力的科技创新中心的建设和自贸区金融创新的先发优势，将会为商业保理理论和实践的创新提供更多的创新元素。我也希望，大家能够始终站在理论发展和实践探索的前沿，对教材编写和人才培训进行不断的丰富和创新。

致行业之兴者在于人才，成行业之治者在于培训。我相信，我们正在努力和将要开展的工作，将对上海市乃至全国商业保理行业的规范发展起到重要的促进作用。

是为序。

上海浦东商业保理行业协会会长
国核商业保理股份有限公司董事长　**时运福**

2015年10月23日于上海

前言 PREFACE

近年来,随着我国经济发展的不断深化和贸易交易的日益繁荣,商业保理作为促进贸易应收账款流转的工具以及支持中小企业与实体经济发展的重要融资渠道,实现了"爆发式"增长并与信用证业务、信用保险共同成为贸易债权保障的"三驾马车"。截至2012年底,全国企业的应收账款规模在20万亿元以上。而我国的保理市场渗透率目前仍远远低于发达的市场经济国家。以国际保理为例,保理业务占中国国际贸易融资比例不足1%,而德国是30%,英国是40%,法国更高达50%。巨大的市场需求与发展潜力为商业保理行业快速增长奠定了坚实基础。但是,受世界经济复苏步伐明显放缓、国内经济运行下行压力加大以及部分行业产能过剩问题严重等因素影响,企业应收账款回收周期不断延长,进而推升了拖欠率和坏账风险,这也是当前商业保理行业快速发展过程中不可回避的严峻挑战。与此同时,对商业保理风险管理的理论研究和实务探索却严重滞后,商业保理风险管理人员和业务骨干严重缺乏,成为制约商业保理行业发展的重要瓶颈。

本书通过对商业保理风险管理实务与案例的解析,一方面帮助读者熟悉商业保理业务风险管理的基本理论与方法,另一方面加深读者对商业保理风险管理的理解并掌握基本实务技能,有利于提高商业保理业务操作水平。本书既适用于商业保理相关专业的在校大学生和研究生,也适用于商业保理相关业务的从业人员。本书的特点包括:(1)涵盖翔实的商业保理风险管理基础理论知识,通过理论紧密结合实务,便于学生深刻理解并掌握风险管理相关技能;(2)每章开篇设有"本章概要",罗列各章节的核心内容,便于学生了解各章节要点;(3)每章配有以实践案例为背景的案例与解析,帮助学生从实务案例分析中深刻理解各类风险的影响以及应对措施;(4)以图例与表格方式对重点与难点知识进行阐述解析,以强化学生的理解;(5)每章末设有复习思考题,有利于学生对已学知识进行梳理和巩固,加深对该章节核心内容的理解。

本书由复旦发展研究院研究员、上海立信会计金融学院副教授聂峰先生、德勤华永会计师事务所(特殊普通合伙)合伙人谈亮先生与德勤中国融资租赁与商业保理行业资深经理、华东政法大学融资租赁研究中心研究员、上海立信会计金融学院商业保理专业校外导师马泰峰先生共同主编。编写组成员还有:吴德军、杨志骞、杨晶晶、刘念育、郑秉宬、吴仕伟、杨宇、吴喆辰、薄智全、王春蕾。全书由聂峰、谈亮和马泰峰共同设计、策划。全书由聂峰负责统稿、修改、定稿。

本书编写的具体分工如下:第一至二章由聂峰、马泰峰负责编写,第三至四章由平安商业保理有限公司副总经理吴德军和风控高级经理杨志骞共同编写,第五章由上海爱建商业保理有限公司风控高级经理杨晶晶先生和财务管理部经理刘念育女士负责编写,第六章由永丰余(上海)商业保理有限公司副总经理郑秉宬和风控经理吴仕伟负责编写,第七章由快钱(天津)商业保理有限公司高级产品经理杨宇负责编写,第八章由德勤华永会计师事务所(特殊普通合伙)企业风险管理服务咨询顾问吴喆辰先生负责编写,第九章由鑫银国际商业保理有限公司总经理助理薄智全和聂峰负责编写。

在本书编写过程中,还得到了上海立信会计金融学院陈晶莹副校长、国际经贸学院陈霜华院长、德勤华永会计师事务所企业风险管理服务华东区主管合伙人方烨先生的热情帮助与大力支持,在此一并表示诚挚感谢。同时也感谢融资租赁与商业保理行业专家俞开琪先生、陈朝阳先生、张宏善先生、邓向东先生、李骊女士、郑海明博士、胡晓媛博士、姚文先生、杨达森先生、汪宇先生、李江雷先生、梁峰先生、赵成龙先生等提出的宝贵意见与良好建议;感谢德勤华永会计师事务所企业风险管理服务融资租赁与商业保理咨询团队王一鸣先生、葛宇清先生和彭飞先生在教材整理环节的细致工作。

由于时间仓促,及编者能力所限,本书难免有疏漏和错误之处,也望广大读者批评指正,相互交流,共同促进提高。

编写组
2015 年 12 月

目录 CONTENTS

第一章 商业保理风险剖析 1
 第一节 风险概述 1
 第二节 商业保理企业的风险 4

第二章 商业保理风险管理 13
 第一节 商业保理企业风险管理框架 13
 第二节 商业保理企业风险管理架构与风险偏好 16
 第三节 商业保理企业风险管理"四大支柱" 20

第三章 信用风险管理 22
 第一节 信用风险的概述 22
 第二节 信用风险的管理 25
 第三节 其他信用风险管理手段在保理中的运用 35
 第四节 融资租赁保理业务分析 39

第四章 操作风险管理 47
 第一节 操作风险的概述 47
 第二节 银行操作风险的管理 54
 第三节 商业保理公司操作风险的管理 58
 第四节 操作风险案例解析 61

第五章　流动性风险管理 …… 65
第一节　流动性风险的概述 …… 65
第二节　流动性风险的影响 …… 67
第三节　流动性风险的管理 …… 68
第四节　流动性风险案例解析 …… 73

第六章　市场风险管理 …… 77
第一节　市场风险的概述及影响 …… 77
第二节　市场风险的管理目标及组织构架 …… 80
第三节　市场风险的管理 …… 82
第四节　市场风险管理实务案例解析 …… 85

第七章　信息技术与风险管理方面 …… 89
第一节　信息技术风险的概述 …… 89
第二节　信息技术风险的影响 …… 98
第三节　信息技术风险的管理 …… 105
第四节　信息技术风险案例解析 …… 113

第八章　商业保理风险转移与自留 …… 123
第一节　风险转移 …… 124
第二节　风险自留 …… 130
第三节　案例分析 …… 135

第九章　国际保理业务及风险管理 …… 138
第一节　国际保理业务的概述 …… 139
第二节　国际保理业务流程 …… 144

参考文献 …… 152

第一章

商业保理风险剖析

本章概要
- 风险的定义
- 商业保理企业所面临的内、外部风险

第一节 风 险 概 述

诚如德国学者乌尔里希·贝克在《风险社会》一书所言：世界正在进入一个不同于传统社会的风险社会，社会突发性危机的不确定性、不可预见性和迅速扩散性都在日益增强之中。而美国《危机管理》一书的作者菲克普也曾对《财富》杂志排名前500强的大企业的董事长和总经理进行过一次专门调查。调查显示，80%的被调查者认为，现代企业面对风险或危机，就如同人们必然面对死亡一样，已成为不可避免的事情。其中有14%的人承认，曾经受到过严重危机的挑战。

一、风险的定义

1. 风险的定义

目前，学术界对风险的内涵还没有统一定义，由于对风险的理解、认识程度不同或对风险的研究角度不同，不同的学者对风险概念有着不同的解释。

通俗地讲,风险就是发生不幸事件的概率。从狭义上讲,风险是指一个事件产生我们所不希望的后果的可能性,是某一特定危险情况发生的可能性和后果的组合。从广义上讲,只要某一事件的发生存在着两种或两种以上的可能性,那么就认为该事件存在风险。从经济学的角度来讲,风险一般是指未来的消极结果或损失的潜在可能。这一定义包含两层含义:一是未来结果的不确定性;二是损失的可能性。而在保险理论与实务中,风险仅指损失的不确定性。这种不确定性包括发生与否的不确定、发生时间的不确定和导致结果的不确定。

无论如何定义风险,其基本的核心含义是"未来结果的不确定性或损失",是指在某一特定环境下,在某一特定时间段内,某种损失发生的可能性。

2. 风险要素

风险因素、风险事件和风险结果是风险的基本构成要素。风险因素是风险形成的必要条件,是风险产生和存在的前提,包括有形因素如物质条件、无形因素如道德品行等。风险事件是风险因素没有被有效管理控制从而导致风险结果的事件,它是风险存在的充分条件,在整个风险中占核心地位。风险结果是风险事件发生后所造成的影响或损失,包括直接损失如资金被挪用无法追回、间接损失如声誉形象受损等。

3. 风险的分类

风险分类有多种方法,常用的有以下几种。

(1) 按照风险的性质划分:纯粹风险——只有损失机会而没有获利可能的风险;投机风险——既有损失的机会也有获利可能的风险。

(2) 按照产生风险的环境划分:静态风险——自然力的不规则变动或人们的过失行为导致的风险;动态风险——社会、经济、科技或政治变动产生的风险。

(3) 按照风险发生的原因划分:自然风险——自然因素和物力现象所造成的风险;社会风险——个人或团体在社会上的行为导致的风险;经济风险——经济活动过程中,因市场因素影响或者管理经营不善导致经济损失的风险。

(4) 按照风险致损的对象划分:财产风险——各种财产损毁、灭失或者贬值的风险;人身风险——个人的疾病、意外伤害等造成残疾、死亡的风险;责任风险——法律或者有关合同规定,因行为人的行为或不作为导致他人财产损失或人身伤亡,行为人所负经济赔偿责任的风险。

4. 风险发生的过程

(1) 风险形成:风险形成的过程是风险发生的因素不断组合的过程。

(2) 风险发生：风险发生是风险因素不断组合、增加、成长所导致的结果。这个结果对于个体来说具有其偶然性，是不确定的，但是对于大量同质个体组成的总体而言，又有发生的总体趋势。

5. 风险损害

风险发生导致价值的丧失，称为风险损害。损害的内涵很广，包括物质上的损失和精神上的创伤等。

6. 风险管理

风险管理是现代企业核心竞争力建设的重要内容，其本质就是用科学、先进、有效的方法，在业务发展、盈利需要和风险之间找出平衡点，其目标是把风险带来的积极影响（机会）最大化，同时让消极影响（损失）最小化，实现等量风险最大效益。

二、风险的属性

1. 风险的性质

风险具有客观性、普遍性、必然性、可识别性、可控性、损失性、不确定性和社会性的特质。

2. 风险的属性

人们重视风险与风险管理，起因于风险的属性。风险的基本属性包括自然属性、社会属性和经济属性。

3. 风险的特征

风险具有以下七个主要特征。

(1) 风险存在的客观性：风险是客观存在的，是不以人的意志为转移的。风险的客观性是保险产生和发展的自然基础。人们只能在一定的范围内改变风险形成和发展的条件，降低风险事故发生的概率，减少损失程度，而不能彻底消除风险。

(2) 风险的损失性：风险发生后必然会给人们造成某种损失，然而对于损失的发生人们却无法预料和确定。人们只能在认识和了解风险的基础上严防风险的发生和减少风险所造成的损失，损失是风险的必然结果。

(3) 风险损失发生的不确定性：风险是客观的、普遍的，但就某一具体风险损失而言其发生是不确定的，是一种随机现象。例如，火灾的发生是客观存在的风险事故，但是就某一次具体火灾的发生而言是不确定的，也是不可预知的，需要人们加强防范和提高防火意识。

(4) 风险存在的普遍性：风险在人们生产生活中无处不在、无时不有，并威胁着人类的生命和财产的安全，如地震灾害、洪水、火灾、意外事故的发生等。随着人类社会的不断前进和发展，人类将面临更多新的风险，风险事故造成的损失也可能越来越大。

(5) 风险的社会性：没有人和人类社会，就谈不上风险。风险与人类社会的利益密切相关，时刻关系着人类的生存与发展，具有社会性。随着风险的发生，人们在日常经济和生活中将遭受经济上的损失或身体上的伤害，企业将面临生产经营和财务上的损失。

(6) 风险发生的可测性：单一风险的发生虽然具有不确定性，但对总体风险而言，风险事故的发生是可测的，即运用概率论和大数法则对总体风险事故的发生是可以进行统计分析的，以研究风险的规律性。风险事故的可测性为保险费率的厘定提供了科学依据。

(7) 风险的可变性：世间万物都处于运动、变化之中，风险也是如此。风险的变化，有量的增减，有质的改变，还有旧风险的消失和新风险的产生。风险因素的变化主要是由科技进步、经济体制与结构的转变、政治与社会结构的改变等方面的变化引起的。

第二节　商业保理企业的风险

商业保理企业作为类金融机构，在经营活动中主要面临着信用风险、操作风险、流动性风险、市场风险（如利率、汇率、交易风险等）、信息技术风险等风险。按照风险的成因、类型、特点进行剖析，这些风险又分为内部风险与外部风险，以下是对内、外部风险的详细分析。

一、外部风险

1. 宏观环境风险

在世界经济复苏缓慢和需求疲弱、欧元区的主权债务危机持续发酵、国内"去杠杆、去产能过剩、调结构、促经济换挡转型"等市场化改革任务繁重的复杂背景下，中国经济正从高速增长步入中高速增长的"新常态"。国家统计局发布数据称,2014年中国国内生产总值(GDP)636 463亿元,按可比价格计算,比上年增长7.4%,该增长速度创下了24年来新低。"长江商学院中国企业经营状况指数"(Business Conditions Index)[①]显示,自2014年下半年以来,企业经营状况数据均维持在该指数创建以来的低谷位置,在"荣枯线"附近徘徊。由此可见,宏观经济的下行风险,对企业的经营状况与盈利水平产生了一定的负面影响。因此,在商业保理业务开展过程中,要充分考量宏观环境因素对于商业保理客户的潜在影响,尤其要规避经营状况已经出现严重问题的保理客户。

2. 政策与市场环境风险

全国性与地方性法律法规、行业政策变动可能对商业保理公司或保理客户经营情况造成负面的影响。此外,在市场经济条件下,受供求关系、价值规律和竞争机制等因素影响,产品价格会围绕价值上下波动,市场环境变化亦影响到保理客户的经营。例如,2007年国内某农产品企业向欧洲某国家买家出口葵花子,合同金额为100万欧元,某商业保理公司为该笔涉外贸易提供了时间为60天的有追索商业保理服务,然而,货物到港后,由于葵花子市场价格大跌,海外买家拒绝按照原先约定的价格支付钱款致货物滞港。国内农产品企业因无法回笼资金而导致未能在约定期限内偿还本金。

3. 行业周期风险

对于周期性行业,一般都会经历一个由成长到衰退的发展演变过程,即我们通常所称的行业周期。一般地,行业的生命周期可分为四个阶段,即初创期、成长期、成熟期和衰退期。周期性行业对宏观经济的敏感度较高,当经济处于上升期,行业扩张;经济衰退时,行业景气度也随之下降。商业保理公司对交易对手进行风险评估时,也需要考虑交易对手所处行业的整体运行状况,因为行业景气度的下降可能导致买家在应收账款到期后仍不付款。例如:近几年煤炭行业持续低迷,收入和利润均下滑,煤炭下游需求疲软,煤价不断走低,从国际动力煤现货价[②]来看,价格从2011年的130美元/吨左右下降到2014年的60美元/吨左右。一般而言,当某一行业出现整体衰退时,全行业产能往往出现明显过剩,致使行业企业面临亏损和重新洗牌。在行业低迷时期,优秀企业往往通过优化管理、转型升级、技术革新、产品升级等方式"过冬",在行业重新洗牌后成为大浪淘

---

① 资料来源:长江商学院网站:http://cn.ckgsb.com/research。
② 资料来源:中国煤炭网 www.coal.com.cn。

沙后的佼佼者。对于金融机构而言，风险往往源自信息的不对称性，所以对企业的分析，首先要从行业财务风险因素着手，从行业财务数据的角度把握行业的盈利能力、资本增值能力、资金运营能力，进而更深入地剖析行业发展中的潜在风险。

4. 买卖家双方的道德风险

区别于融资租赁，作为贸易融资的商业保理没有融资"标的物"作为载体，因而可能存在合同双方相互串通，虚买虚卖，不存在真实的交易关系，目的可能是为了套取保理商的资金，也可能是为了套取银行的贷款，给保理商造成较大风险。此外，卖家产品质量低劣、制假售假、合同欺诈；买家利用欺骗/故意隐瞒等手段恶意骗取货物或者恶意违约均是潜在的道德风险因素。

5. 买家的经营与财务风险

受宏观经济、行业、市场及客户自身管理的直接或交叉影响，使买家未来的财务或非财务状况出现恶化。财务风险表现为：客户现金流状况恶化、总资产中流动资产所占比例大幅下降、固定资产剧烈变动、无形资产占比过高、流动负债或长期负债的异常增加、不断降低或迅速增加的销售额、对短期负债的严重依赖等。非财务风险则表现为：关键的人事变动、冒险参与企业并购与重大对外投资、超出公司管控极限的过度增长、失去一批长期合作的大客户、出现重大的法律诉讼或突发事件等。

6. 利率风险

随着央行利率市场化改革的积极推进，央行也逐步扩大了存款利率的上浮区间。例如2015年2月28日，央行宣布自3月1日起对称降息0.25个百分点，并将存款利率上浮扩大到1.3倍[1]。随后多家商业银行迅速反应，在第一时间将各期限存款利率调整至最新状态。当前，存贷款息差收入是我国银行业最主要的盈利来源。随着利率市场化的进一步推进，商业银行吸揽资金竞争加剧，特别是通过理财业务吸收的资金成本整体相对较高，且随着利率市场化的加速推进，商业银行尤其是股份制商业银行纷纷提高存款利率，由此造成资金成本上升。可以预期的是，未来商业银行为了维持其净利息收入的稳定增长，很有可能逐步对不同类型的客户群体进行差异化定价管理，以平衡资产和负债之间的利率差异。由于商业保理公司的资金来源主要源自商业银行，而随着利率市场化进一

---

[1] 资料来源：中国人民银行网站 http://www.pbc.gov.cn/。

步放开,商业银行通过市场化定价将资金成本转嫁给信贷客户,增加了商业保理公司利率风险管理的不确定性。针对利率风险,保理公司应通过强化管理,制定严格的利率风险管理政策并建立科学的利率风险测算和监控系统,确保保理业务期限结构与币种结构及其所承受的利率风险水平得到有效控制。

7. 汇率风险

汇率风险又称为外汇风险,即因汇率变动而给保理公司蒙受损失的可能性。自 2014 年以来,人民币一改单边升值趋势,对美元的累计贬值幅度达 4%且双向波动幅度加大。此外,由于各国货币政策的差异以及国际大宗商品价格的波动,不仅影响了全球各国的股市、债券等资产价格,而且也可能导致国际金融市场汇率陷入剧烈波动与震荡。例如,受西方制裁以及国际原油价格大幅下滑拖累,2014 年俄罗斯卢布兑美元贬值逾 50%;2015 年新年伊始,瑞士央行为了防止欧债危机蔓延到本国,在 1 月 15 日突然取消实施 3 年之久的 1.20 瑞郎兑 1 欧元的汇率上限,此"黑天鹅事件"令全球市场一片哗然,直接导致欧元/瑞郎一度崩跌逾 40%。对保理商而言,汇率风险不容小觑,商业保理公司的资产端与负债端均有可能受汇率风险影响。

2014 年 2 月央行上海总部发布了"支持上海自贸区扩大人民币跨境使用"的政策[①],为自贸区内的商业保理公司在境外融资开了"先河",该政策规定"区内企业借用境外人民币资金规模(按余额计)的上限不得超过实缴资本×1 倍×宏观审慎政策参数"。随着上海自贸区金改政策加速落地,保理商的外债额度将进一步放大,融资币种也将从跨境人民币多元化为跨境外币,商业保理公司拓宽海外融资渠道、降低了融资成本的同时,也需要强化对于负债端的汇率风险管理,例如:通过外汇远期交易、外汇期权交易和外汇互换交易等金融衍生工具来规避和转移汇率风险,结合公司保理业务期限结构与币种结构与境外金融机构协商更有利于公司业务实际的本息还款方式与期限。对于资产端的汇率风险管理,保理商在产品结构设计时应充分考虑潜在的汇率风险并督促客户通过外汇远期交易、外汇掉期、境外人民币无本金交割远期(NDF)或汇率锁定等工具规避国际贸易结算过程中伴生的汇率风险。

8. 市场竞争风险

随着中国金融改革与创新的步伐加速,商业保理公司将在资金成本、业务模

---

① 资料来源:人民网 http://finance.people.com.cn/n/2014/0222/c1004-24434064.html。

式、风险管控、营销手段/渠道、产品创新、客户体验、服务能力等诸多方面与传统银行、互联网金融等新兴金融机构相互竞争。来自互联网（例如阿里巴巴、腾讯、百度等互联网巨头）、运营商（如中国移动、中国联通、中国电信）以及垂直行业的领先者们纷纷参与金融创新，利用自身在流量、数据、服务能力等方面的优势，通过大数据的风险管控手段、无缝多渠道的销售、创新的产品设计与定价，为客户提供更加个性化服务，从而实现"以客户为中心"的普惠金融模式。面对激烈的市场竞争，商业保理公司应充分发挥产业链整合优势与金融服务延伸的特质，始终以服务于产业为导向，借助股东背景和自身优势，从银行、互联网金融等新兴金融机构的成功经验中汲取营养，以开放式思维把握机会并控制好风险。

9. 法律风险

法律风险包括两个方面，一方面是保理业务自身存在的法律风险，另一个方面是保理业务指向的标的，即基础合同存在瑕疵产生的法律风险。由于我国目前尚未出台《商业保理法》，现行的法律、法规和相关政策对保理业务的覆盖面又太窄，由于很多新思路、新模式没有法律的依据和合理合法的解释，在实施过程中又困难重重，一旦遇到矛盾和纠纷，只能适用《民法通则》《合同法》等基础法律，这必然会增加保理公司业务开展过程中的法律风险。因此，在保理合同中应当明确约定除了适用国内相关的法律之外，在国内法律没有明确规定的情况下，可以适用商业惯例，在商业惯例不好判断时，可以参考《国际保理业务惯例规则》和《国际保理公约》的规定，以此作为对国内保理业务中交易习惯的认定，调整保理合同双方之间的民事法律关系，从而维护保理商的权益，此外，保理商还可以在保理合同中约定，发生纠纷时，选择中国国际经济贸易仲裁委员会处理此案。

10. 不可抗力导致的风险

指保理客户因战争、动乱、空中飞行物体坠落或其他不可归责于其自身原因的事由导致的爆炸、火灾、水灾，以及六级以上台风、暴雨、地震等不可抗拒的自然灾害，使得保理客户的生产与经营活动受到重大影响，导致其无法履约还款的风险。保理商可以通过购买保险来转嫁风险，例如信用保险、保证保险等，但是在购买保险时须与保险公司明确哪些不可抗力属于保险人的免责范围。

二、内部风险

1. 公司治理薄弱

公司治理结构薄弱和内部控制存在缺陷是导致公司风险管理失效的重要原

因,良好的公司治理与内部控制是企业生存和发展的关键。商务部近日公布的《商业保理企业管理办法(试行)》(征求意见稿)①中明确要求商业保理企业依法设立后需要建立良好的公司治理结构、健全的组织架构、完备的管理制度和完善的业务处理系统。商业保理企业的公司治理应当遵循现代公司法人治理的"决策、执行与监督"之三权分立与制衡原则,规范股东、董事会、监事会、高级管理人员之间权利和义务的合理分配,通过合理地运用用人机制、监督机制和激励机制以及对股权结构、资本结构、治理机构设置和职权安排的合理配置,有效地平衡了利益相关者的相互关系,通过相互制约、协调运转,并依照法律、法规、监管要求和公司章程等规定予以制度化的统一机制,以促进企业战略目标的实现。

2. 内部控制存在缺陷

据美国最新的职务调查资料显示,约有46.2%的欺诈事件之所以能够发生是由于公司未建立适当的内部控制,另外还有39.9%的案件发生主要是由于内部控制没能有效发挥作用,而标准的控制机制难以发现与阻止的欺诈案件是不到11%的。为了引导和推动企业建立健全内部控制制度,提高企业内部控制与经营管理水平,促进企业健康持续发展,维护社会主义市场秩序和社会公众利益,财政部、证监会、审计署、银监会、保监会五部委于2008年6月28日颁布了《企业内部控制基本规范》(财会〔2008〕7号)并于2010年4月15日颁布了《企业内部控制配套指引》(财会〔2010〕11号)。商业保理企业应当参照五部委制定的《企业内部控制基本规范》以及《企业内部控制配套指引》,制定并不断完善一套以风险为导向,具有科学性、规范化、可操作性的内部控制体系,促进公司各级员工明确职责分工、正确行使职权,形成内部约束机制并加强对权责履行的监督,为企业实现既定的发展战略目标提供了坚实的保障。

3. 内部监督机制的缺失

内部监督与专项监督是公司内部治理的重要组成部,缺乏内部监督会导致企业内部控制体系失灵、员工操作失误与违法违规并容易滋生舞弊与腐败,可能对企业造成严重的经济损失与社会声誉影响。内部监督是企业对内部控制建立与实施情况进行监督检查,评价内部控制的有效性并发现内部控制缺陷的过程。内部监督分为日常监督和专项监督。日常监督是指企业对建立与实施内部控制的情况进行常规、持续的监督检查;专项监督是指在企业发展战略、组织结构、经

---

① 资料来源:商务部网站 http://www.mofcom.gov.cn/。

营活动、业务流程、关键岗位员工等发生较大调整或变化的情况下，对内部控制的某一或某些方面进行有针对性的监督检查。

4. 经营战略与业务规划不清晰

企业经营战略是在分析外部环境和内部资源和能力的基础上设计的关于企业的发展目标、实现目标的途径和手段的总体纲领和方案，具有全局性、系统性、长远性和方向性，确保企业在市场得以长期生存、稳健发展并获得持续竞争优势。企业缺乏清晰而专注的战略往往表现为不清楚其未来的行业定位、经营策略、经营规模、发展目标，这也是企业执行力大打折扣的重要原因，将直接导致企业出现决策失误、资源浪费、缺乏核心竞争力、效益低下、最终因迷失方向而走向失败。商业保理公司应通过对外部环境、行业与市场的客观分析和判断，总结出当前所面临的各种机遇与挑战，并结合企业自身的实际情况来制定未来的战略规划和资源配置方案，以避免企业盲目追求规模或速度、进军并不熟悉的行业、跨行搞多元化经营。有了明确的经营战略目标，企业应当制定科学的业务规划，确定本年度工作的重点，编制预算并组织制定公司各层级的年度经营业绩目标与关键考核指标。为了确保业务规划的顺利实施，公司管理层应定期召开业绩跟踪与经营分析会议，以监督各业务条线对年度发展规划的执行情况。

5. 公司制度与操作流程缺失或不完善

管理制度与流程是公司开展业务的基础性工作。在业务开展过程中，由于流程制度的不清晰容易造成员工操作失误或发生违规违法行为，同时也增加了由于公司人员流动等因素所产生的操作风险。公司规章制度与操作流程是否全面、完整将直接影响公司的日常运营效率与规范管理。商业保理公司应重视公司的制度体系建设，董事会与高级管理层定期对公司内部各项管理制度及其完整性、合理性和实施有效性进行检查与评估。

6. 财务规划不合理

财务规划是对企业财务活动的整体性决策，是企业立足于长远的需要对企业财务活动的发展所作出的科学判断。财务规划不合理表现为缺乏全面预算管理与税务筹划、融资期限与结构不科学、财务风险管理的缺失、资产管理水平薄弱等。财务规划的不合理不仅使企业难以实现其经营目标，而且还会导致企业财务资源的浪费、紧张或枯竭。

7. 企业全面风险管理机制的缺失

全面风险管理机制关乎企业未来总体经营目标能否实现。2006年国资委颁布的《中央企业全面风险管理指引》(国资发改革[2006]108号)[1]对企业全面风险管理作了如下阐述：企业全面风险管理指企业围绕总体经营目标,通过在企业管理的各个环节和经营过程中执行风险管理的基本流程,培育良好的风险管理文化,建立健全全面风险管理体系,包括风险管理策略、风险理财措施、风险管理的组织职能体系、风险管理信息系统和内部控制系统,从而为实现风险管理的总体目标提供合理保证的过程和方法。商业保理公司应参照《中央企业全面风险管理指引》相关要求,建立健全企业全面风险管理体系,从宏观经济、行业周期、国家产业政策、法律法规以及企业自身经营状况等多个角度识别、评估、管理与监控各类经营风险,并不断完善全面风险管理制度、流程、操作规范与管理工具。

8. 业务人员缺乏风险意识或风险意识薄弱

业务人员缺乏风险意识或风险意识薄弱,一类是明知公司制度和操作规程但是为了急于求成或者自认为没有风险,往往投机取巧、麻痹大意、心存侥幸甚至故意隐瞒风险;另一类则是不了解公司制度、不熟悉保理业务、没有足够的专业技能去识别判断风险。对于前者,公司应当强化业务人员的管理与监督,例如:① 将保理业务人员的绩效薪酬应与项目质量挂钩,采取短期绩效与长期绩效相结合的激励机制,从而合理匹配员工绩效的当期性与保理业务风险的递延性;② 保理公司还应当建立项目经理责任终身制,使业务人员全过程地参与到保理业务的风险管理中;③ 充分发挥内部审计的监督职能,通过抽样方式检查业务人员是否按照公司的相关规章制度与操作流程开展工作。对于后者,公司应根据中长期发展规划和企业当前实际制定专业人才招聘计划,建立并完善人才培养计划,以知识与技能提高为核心,以全面提升员工专业素质为目的,定期组织业务人员参加公司内部组织的专业知识与风险管理培训以及聘请行业专家为员工作培训。此外,公司还应当定期对员工进行规章制度与专业技能的考核,并将考核结果与员工绩效挂钩。

9. 风险预警体系的缺失

风险预警体系是企业对自身财务状况与经营状况的持续、动态监控机制,以防范企业发生财务风险与经营危机,促进企业保持稳健运营。企业缺乏风险预警机体系将无法及时发现经营过程中所存在的问题与潜在危机,企业管理层也

---

[1] 资料来源:国资委网站 http://www.sasac.gov.cn/n1180/n2335371/n2973828/n4984772/glzy.html。

可能因错过最佳时机而无法有效化解危机。2015年3月,商务部公布了《商业保理企业管理办法(试行)》的征求意见稿①,其中第三十一条详细列明了规模商业保理企业以及再保理企业须关注的多项关键风险指标,例如:风险资产、或有负债、不良应收账款比例、风险准备金、风险集中度、关联交易、风险管理、外部融资、监管评级等基本信息。结合监管要求,商业保理企业应当建立风险信息库,包含各业务板块的风险分类、风险事项描述及应对措施以及企业内部风险预警指标体系和控制工具,逐步实现风险管理由定性向定量、事后向事前、粗放向精准、经验向模型的转变。

10. 信息系统与业务发展步伐不相符

企业的信息系统与业务步伐不相符、信息系统缺乏稳定性与延展性将严重影响企业的业务发展与信息安全。企业的信息系统,一般包括两部分,一部分是OA,属于办公类的;另一部分为业务系统包括核心业务管理、风险管理、财务管理、客户与市场管理、ERP、人力资源管理等若干模块。随着公司业务规模的扩张、产品的多样化、客户群体的增加以及业务的区域辐射,企业的内、外部信息资源与信息系统的一体化整合需求就会日益突显,尤其是构建一个与业务发展相协同、延展性强、交互式、多渠道、可持续发展的综合信息系统平台。

在接下来的几个章节中,我们将围绕商业保理企业在经营活动中所面临的主要风险,详细介绍各类风险的识别、评估、管理与监控的方法、技术与工具,并结合实际案例进行深入剖析。

复习思考题

1. 风险的定义是什么?
2. 固有风险与剩余风险之间的关系是什么?
3. 请举例说明企业所面临的风险与其潜在影响。
4. 作为类金融机构,商业保理企业所面临的外部风险与内部风险主要包括哪些?

---

① 商务部网站 http://www.mofcom.gov.cn/。

第二章

商业保理风险管理

本章概要
- 商业保理企业风险管理框架
- 商业保理企业风险管理架构与风险偏好
- 商业保理企业风险管理"四大支柱"

第一节 商业保理企业风险管理框架

一、国内外著名的企业风险管理框架

国内外对于企业风险管理框架的标准、体系很多,例如全球著名的美国COSO《企业风险管理—综合框架》(*COSO Enterprise Risk Management-Integrated Framework*,2004)[①],在《内部控制—综合框架》的五要素基础上增加到了的八要素,包括内部环境、目标设定、事项识别、风险评估、风险应对、控制活动、信息与沟通、监督检查。这八个要素互相关联,贯穿于企业风险管理的过程中,并且每个要素承载四个目标:战略目标、经营目标、财务报告目标、合规性目标。

---

① 资料来源:美国COSO网站http://www.coso.org/。

又如,澳大利亚/新西兰风险管理标准(AS/NZS 4360: 2004 Risk Management)于1995年首次发布,旨在制定统一的标准,以期对若干澳大利亚和新西兰上市或私有企业在风险管理应用问题上有所帮助,并于1999年、2004年进行修订。目前 AS/NZS 4360 标准已经被澳大利亚政府和世界上许多上市公司采用,而且许多澳大利亚和新西兰的行业协会根据 AS/NZS 4360 和自己的行业特性编制了供本行业使用的风险管理标准。我国的第一部企业全面风险管理指引《中央企业全面风险管理指引》由国务院国有资产监督管理委员会于2006年6月出台,总结了我国国有企业的经验、损失、教训并参照国际经验、国际实践而制定,旨在全面落实科学发展观,进一步加强和完善国有资产监督工作,深化国有企业改革,加强风险管理,促进企业持续、稳定、健康发展,具有较强的现实性和前瞻性。该指引对中央企业开展全面风险管理工作的总体原则、基本流程、组织体系、风险评估、风险管理策略、风险管理解决方案、监督与改进、风险管理文化、风险管理信息系统等方面进行了详细阐述并提出了落实贯彻的明确要求。

纵观全球各国企业风险管理标准/体系,我们发现其中均有针对风险识别、风险评估、风险应对的三个核心步骤,其中风险识别是管理基础,风险评估是资源配置,风险应对是企业价值的保护和再创造,加上体系的持续改进以及同现有管理的融合。

二、COSO:《企业风险管理—综合框架》

美国 COSO《企业风险管理—综合框架》指出:"全面风险管理是一个过程,受到公司董事会、经理层和其他人员的影响,应用于战略设置并贯穿到整个公司,有计划地识别可能影响公司的潜在事件,并在风险偏好范围内管理风险,为达到公司目标提供合理的保障。"COSO 风险管理框架把风险管理的要素分为八个:内部环境、目标制定、事件识别、风险评估、风险应对、控制活动、信息与沟通、监督(图 2-1)。

(一)控制环境

商业保理企业的控制环境是其他所有风险管理要素的基础,为其他要素提供规则和结构。控制环境影响商业保理企业战略和目标的制定、业务活动的组织和风险的识别、评估和执行等。它还影响商业保理企业控制活动的设计和执行、信息和沟通系统以及监控活动。控制环境包含很多内容,包括企业员工的道德观和胜任能力、人员的培训、管理者的经营模式、分配权限和职责的方式等。

公司董事会是控制环境的一个重要组成部分,对其他控制环境的组成内容

第二章　商业保理风险管理

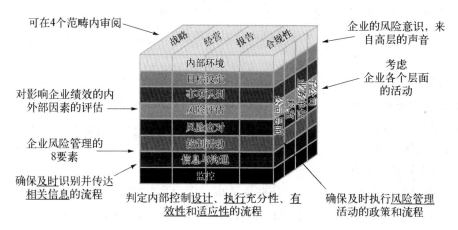

图 2-1　COSO 风险管理框架

资料来源：COSO 委员会 2013《内部控制整合框架》(COSO-IC)。

有重要的影响。而企业的管理者也是控制环境的一部分，其职责是建立企业的风险管理理念、确定企业的风险偏好，营造企业的风险文化，并将企业的风险管理和相关的行动计划结合起来。

（二）目标制定

根据商业保理企业确定的任务或预期，管理者确定公司的战略目标，选择战略方案，确定相关的子目标并在企业内层层分解和落实，各子目标都应遵循公司的战略方案并与战略方案相联系，例如：公司主营业务收入增长、公司的股东权益报酬率（ROE）、企业履行的社会责任等。

（三）事件识别

管理者意识到了不确定性的存在，即管理者不能确切地知道某一事项是否会发生、何时发生或者如果发生其结果如何。作为事项识别的一部分，管理者应考虑会影响事项发生的各种企业内外部的因素。

（四）风险评估

风险评估可以使商业保理企业了解潜在事项如何影响公司目标的实现。管理者应从两个方面对风险进行评估，即风险发生的可能性和造成的影响程度。

（五）风险应对

公司管理层可以制定不同风险应对方案，并在风险容忍度和成本效益原则的前提下，考虑每个方案如何影响事项发生的可能性和事项对企业的影响，并设计和执行风险应对方案。考虑各风险应对方案并选择和执行一个风险应对方案是企业风险管理不可分割的一部分。有效的风险管理要求管理者选择一个可以使企业风险发生的可能性和影响都落在风险容忍度范围之内的风险应对方案。

(六)控制活动

控制活动是帮助保证风险应对方案得到正确执行的相关政策和程序,存在于企业的各部分、各个层面和各个部门。控制活动是企业努力实现其商业目标的过程的一部分。通常包括两个要素:确定应该做什么的一个政策和影响该政策的一系列过程。

(七)信息与沟通

来自企业内部和外部的相关信息必须以一定的格式和时间间隔进行确认、捕捉和传递,以保证企业的员工能够执行各自的职责。有效的沟通也是广义上的沟通,包括企业内自上而下、自下而上以及横向的沟通。有效的沟通还包括将相关的信息与企业外部相关方的有效沟通和交换,如客户、供应商、行政管理部门和股东等。

(八)监督检查

对企业风险管理的监控是指评估风险管理要素的内容和运行以及一段时期的执行质量的一个过程。企业可以通过两种方式对风险管理进行监控——持续监控和个别评估。持续监控和个别评估都是用来保证商业保理企业的风险管理在公司内各管理层面和各部门持续得到执行。

基于COSO《企业风险管理—综合框架》,商业保理企业通过建立科学的风险控制体系与完善的风险管理"三道防线",以制度体系为基础、以流程为纽带、以关键控制活动为重点,对公司经营所面临的内、外部风险进行全面、准确、及时的识别、评估、控制与监督反馈,形成覆盖"事前、事中、事后"的全方位、全过程、多角度、立体化的全面风险管理体系,加强信息化建设,培育和塑造良好的企业风险管理文化,不断提升企业风险管理水平,以实现企业的经营目标。

第二节 商业保理企业风险管理架构与风险偏好

一、风险偏好体系的组成

风险偏好体系由上至下包括风险偏好、风险容忍度及风险限额三个组成部分。

（1）风险偏好是指公司在实现其经营目标的过程中愿意承担的风险水平。风险偏好是公司对风险的基本态度，为战略制定、经营计划实施以及资源分配提供指导。

（2）风险容忍度是指在公司经营目标实现的过程中针对既定风险水平出现的差异的可接受程度。风险容忍度是风险偏好的具体体现，一般采用定量与定性相结合的方式确定，与风险偏好保持一致，并涵盖所有风险类别。

（3）风险限额是对风险容忍度的进一步细化，公司应在设定的风险容忍度范围内，根据不同风险类别、业务单位、产品类型特征等所制定的风险限额。

二、风险偏好体系与业务运营的关系

风险偏好体系与商业保理公司业务运营的紧密衔接主要体现在以下几点。

（1）风险偏好作为风险偏好体系中的最高层级，不仅代表了股东对资本安全性的基本要求，也体现了公司平衡收益与风险的基本要求，是其制定发展战略的重要决定基础之一，因此在风险管理体系中居于宏观主导地位。管理层根据设定的风险偏好，可直观地评估在不利情景下相关业务条线（资产端）对财务状况的整体影响，以此为业务战略的制定（资产端）以及企业融资期限/结构（负债端）提供指引。

（2）风险容忍度作为风险偏好体系中的第二层级，较之风险偏好更接近经营层面，并与各个业务部门的实际风险特征紧密相关。明确风险容忍度是商业保理公司对其风险偏好进行进一步量化与细化，为业务部门风险管理工作提供指引的重要手段。针对不同业务条线及相关风险类别的特点，公司设定其承受风险的最高限额，以此引导各项业务在日常运作中合理平衡经营的安全性与盈利性，包括但不限于：指导业务部门确定业务范围，决定是否进入、停止或退出业务活动以避免或减少风险损失。

（3）风险限额作为风险偏好体系中的第三层级，是商业保理企业基于前、中、后台的业务特征，对风险容忍度的进一步分解与细化，从而达到提升其风险管理指导意义，增强可操作性的目的。通过设定风险限额明确风险监控指标并以此将风险容忍度具体落实到各个业务环节，从而实现对业务运营相关风险的实时监控。业务部门在监控风险的同时，负责收集风险信息并及时反馈到公司管理层，实现自下而上的风险汇总，为公司风险偏好、风险容忍度的修订提供信息基础。

三、建立风险管理架构

商业保理企业应从自身实际情况出发,结合监管机构要求,设计适合自身业务发展的风险偏好体系,以此引导公司建立风险管理架构,各业务部门明确风险管理职能、识别、评估、管理关键风险,并运用定量与定性等手段设定风险容忍度与风险限额。

企业风险偏好体系的建设主要包括:搭建风险管理架构;设立战略目标;确认风险特征以识别、评估风险敞口;确定风险偏好;确定风险容忍度并设定风险限额。

(一)建立风险管理架构

依据商务部《商业保理企业管理办法(试行)》的相关要求,商业保理企业应建立风险管理的"三道防线",构建从董事会、管理层到全体员工全员参与的管理架构,以此保障风险偏好的传导和运行。商业保理企业的风险管理"三道防线"包括(图2-2):

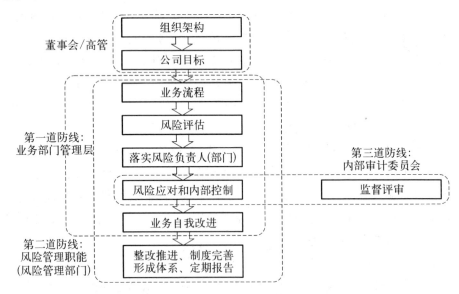

图2-2 商业保理企业风险管理三道防线

第一道防线主要由公司的各业务部门组成,负责在业务前端的日常运营中识别潜在风险,并负责评估、应对、监控与报告风险等一系列工作。在董事会和管理层既定的风险水平范围内,各业务部门需要将对风险与收益的衡量纳入其日常经营活动之中,并根据业务发展的实际状况及发展规划,制定符合董事会和管理层既定风险偏好与风险容忍度的风险限额,以便对业务风险状况进行监控。各业务部门还肩负着收集风险信息、对风险偏好和风险容忍度的制定提出反馈意见的责任,协助公司决策层对风险偏好与风险容忍度按需进行修定。

第二道防线主要由公司风险管理部门组成。其中,风险管理部门的工作独立于各业务部门,其职能主要包括:参与制定公司的风险管理制度、流程、方法与工具,协助管理层草拟风险偏好陈述、为战略规划部门初步拟定或按需调整战略方向提供风险数据及风险分析结果;制定重大风险事件和重要业务流程的判断标准或判断机制;为各业务部门围绕风险偏好开展的工作提供支持,协助业务部门评估、控制与监督反馈相关风险。

第三道防线由公司内部审计委员会构成,负责对公司风险偏好体系的建设情况、风险偏好传导及风险容忍度和风险限额执行情况,以及各类业务风险识别和内部控制建设进程进行评价,鉴定上述工作的效率效果,确认是否符合了监管机构和公司内部规定和标准并最大程度上保证了公司整体战略的实现。内部审计委员会的主要职责还包括对评价工作中发现的缺陷进行反馈,并监督相关部门的改进。

(二)设立战略目标

在设定公司的战略目标时,应充分考虑到相关风险因素。根据董事会与管理层在实现经营目标的过程中可承受的风险种类、风险程度,设定战略目标及相应的风险管理计划。通过保证战略目标和风险管理计划的一致性,从而有助于公司在实现经营目标的过程中有效管控风险。

(三)确认风险特征以识别、评估风险敞口

商业保理公司应通过准确描述和分析现有的风险特征,协助董事会及管理层对其各个业务部门与业务条线在业务操作和经营流程中所承担的风险状况确立全局观念,为风险偏好、战略目标、资本配置的决策制定提供理论依据。

度量风险敞口就是辨认主要风险的大小。商业保理企业在识别风险特征的基础上,通过定性和统计分析等不同方法,从业务条线、产品条线、风险类别及经营地域等多种维度去评估风险敞口,为风险容忍度与风险限额的判断与量化工作奠定基础。

(四)确定风险偏好

公司董事会在决策风险偏好时应综合考量多种因素,包括但不限于公司各业务条线的业务特征、风险管理文化建设与风险管控、风险管理信息系统开发现状等。

(五) 确定风险容忍度并设定风险限额

风险容忍度是风险偏好的具体体现,通过将公司既定的宏观战略目标转化至涵盖各个风险类别的最低与最高风险限额,风险容忍度的制定为各业务部门经营业务种类、范围和规模条件等决策设置明确的风险标准,以此协助公司各业务部门将风险偏好融入日常经营管理的行为之中。风险限额是公司在既定的风险容忍度框架下,将风险容忍度进一步拆分到各个业务部门,并根据每一个业务部门的业务特征制定具体的风险限额,形成风险限额管理体系,从而实现风险管理"看得见,管得住"的目标。

四、加强企业内部风险文化建设

商业保理公司应努力塑造良好的风险管理文化,培育员工树立正确的风险管理理念,增强员工风险管理意识,将风险管理意识转化为员工的共同认识和自觉行动。商业保理企业可以通过各项创新举措,为企业的风险管理文化建设提供良好的土壤,并将风险管理文化融入企业文化建设的全过程中,例如积极开展风险管理知识和理念的宣传和学习,建立风险问责机制,督促员工从自身角度自觉地开展风险管理和控制工作,变被动为主动,将风险管理转化为员工的自发行动,从根本上保障良好的企业风险管理文化氛围。

第三节 商业保理企业风险管理"四大支柱"

商业保理"钱生钱"的运营模式通俗地说就是使资金承担一定的风险,得到与风险相对应的回报。商业保理企业风险管理既有来自企业自身的内部需求,同时也有来自监管机构的外部需求。然而,无论是企业自身需求,还是监管机构对于风险管理的监管要求,两者的目的同出一辙,即为企业长期健康发展保驾护航。

商业保理企业的经营既要"抬头看路",又要"低头拉车"。首先是"抬头看路"的顶层设计,包括制定科学、有效的公司治理、管控体系与经营策略,以风险为导向兼顾价值,确定企业全局性、长远性、方向性的经营战略。其次是针对信用风险、操作风险、流动性风险、市场风险"四大支柱"(图2-3)的科学管理,以定性与定量相结合的方式,通过设定风险容忍度与风险限额,覆盖风险识别、评估、管理与监控的全流程风险管理体系,这也是我们俗称的"低头拉车"。最后,企业还应通过内控体系建设、制度流程建设与IT信息系统规划与实施来夯实企业风险管理的"地基",以确保风险管理的有效"落地"。

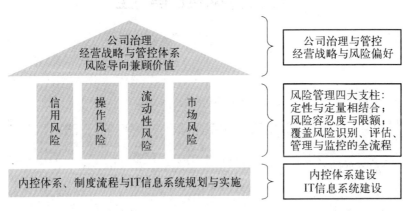

图2-3 风险管理"四大支柱"

信用风险、操作风险、流动性风险与市场风险是商业保理企业的四大关键风险,也是风险管理工作的重中之重。在本教材的后续章节中,我们将作详细展开。

 复习思考题

1. 国内外著名的企业风险管理框架有哪些?请举例说明。
2. 美国COSO风险管理框架将风险管理分为哪些要素?
3. 企业的风险偏好体系由上至下包括哪三个组成部分?
4. 如何准确理解"风险限额"?
5. 商业保理企业的风险管理"三道防线"主要包括哪些?
6. 商业保理企业主要应针对哪四大风险进行科学管理,通过以定性与定量相结合的方式,建立风险识别、评估、管理与监控的全流程风险管理体系?

第三章

信用风险管理

本章概要
- 信用风险的概述
- 信用风险的管理
- 其他信用风险管理手段在保理中的运用
- 融资租赁保理业务分析

第一节 信用风险的概述

一、信用风险的定义

信用风险,其伴随着借贷关系的出现而相应产生,且其定义及理论也在随着时间的流逝以及文明的发展而不断发展完善。

传统观念认为,信用风险即为违约风险,即债务人未能如期偿还其债务形成违约所带来的风险,仅在违约实际发生时产生。但随着风险环境的变化以及风险管理技术的发展,该传统观念已不能充分反映信用风险的特征。

目前在概念上较为完整的对于信用风险的定义,是指债务人或交易对手未能履行合约规定的义务或因信用质量发生变化导致金融工具的价值发生变化,而给债权人或金融工具持有人所带来损失的风险。

从上述定义中可以看出,信用风险的内涵已扩展至多方面。

(1) 传统观念上的违约风险;

(2) 因债务人信用质量变化(如评级变动等)导致金融工具价值变动而导致损失的可能性;

(3) 是否发生损失的不确定性,该不确定性包括发生的不确定性、时间的不确定性、损失额的不确定性等。

二、信用风险的分类

关于信用风险的分类,目前主流的分法主要有以下几类。

按风险成因来分,分为违约风险、交易对手风险、信用迁移风险、信用事件风险、可归因于信用风险的结算风险等。

按债务人主观意愿来分,分为道德性信用风险和非道德性信用风险。道德性信用风险是指因债务人的主观恶意行为而导致的风险;非道德性信用风险则是指因债务人主观恶意行为之外的其他原因所导致的风险。简单区分,前者是履约意愿出现问题,后者是履约能力出现问题。同时,非道德性信用风险,又可以分为政治风险、经济周期风险、行业风险、企业经营风险等方面。

三、信用风险的分析度量

信用风险分析度量方法的发展,与商业银行业的发展有着密不可分的关系,伴随着商业银行业经营环境的日益复杂以及市场竞争的日趋激烈,商业银行对于信用风险分析度量准确性的要求也不断提高,目前,较为知名的分析度量方法主要有以下几类。

1. 专家分析法

专家分析法属于定性分析方法,主要依靠相关风险管理人员的主观分析或定性分析来度量信用风险,主要的方法包括——"5C"法、"LAPP"法等。

"5C"法,其中的"5C"指的是——Character(品格)、Capital(资本)、Capacity(能力)、Collateral(担保抵押品)、Cycle Conditions(周期状态)。

"LAPP"法,其中的"LAPP"指的是——Liquidity(流动性)、Activity(活动性)、Profitability(盈利性)、Potentialities(潜力)。

但是,专家分析法最大的问题在于容易受人为因素的影响,包括人员的道德风险以及人员的专业水平等,可以说专家分析法是信用风险分析度量方法中最简单同时又是最不简单的。

2. 骆驼评级法

骆驼评级法,是美国金融管理当局所开发的一整套规范化、制度化、指标化的综合等级评定制度。其五大核心考核指标包括——资本充足性(capital adequacy)、资产质量(asset quality)、管理水平(management)、盈利状况(earnings)、流动性(liquidity),五大指标的首个英文字母连在一起正好为"CAMEL",故得名"骆驼评级法"。之后,骆驼评级法也进行了改进,在考核指标中增加了对风险的敏锐性(sensitivity),骆驼评级法也相应变为了"CAMELS"。

3. 巴塞尔协议下的内部评级法

新巴塞尔协议中,巴塞尔委员会借鉴并运用了全球金融业内在信用风险管理方面的一些先进技术,比如 Credit Metrics 模型、KMV 模型、CPV 模型、CreditRisk+模型等,通过模型化的方法来更精确地度量信用风险并确定监管资本要求,并对于信用风险的计量提出了两种方法,第一种是标准法,第二种是内部评级法,同时内部评级法又分为初级内部评级法和高级内部评级法。

内部评级法是新巴塞尔协议的核心内容,该评级法的基本理念是由于借款人可能出现违约,银行必须根据已经掌握的定性和定量信息对损失进行评估,并将评估结果和资本充足率挂钩。内部评级法能更准确地反映资本与风险之间的内在关系。

新巴塞尔协议推出后,内部评级法目前已成为国际以及国内银行全力构建的信贷风险管理工具,2014 年 4 月 24 日,银监会核准工商银行、农业银行、中国银行、建设银行、交通银行、招商银行六家商业银行首批实施资本管理高级方法,此轮核准的具体范围为第一支柱公司风险暴露信用风险初级内部评级法、零售风险暴露信用风险内部评级法、市场风险内部模型法和操作风险标准法。核准实施后,上述六家商业银行将按照资本管理高级方法的要求计算风险加权资产和资本充足率。资本管理高级方法的实施是中国银行业具有里程碑意义的重大事件,将对整个行业公司治理、风险控制、资本管理和发展方式转型产生十分深远的影响。

对于商业保理行业而言,从长期发展角度来看,商业保理作为金融板块中的一分子,在风险控制的理论以及实际应用的方面,也应积极借鉴银行的成熟经验、做法并加以利用,不失为一条快速、有效的发展道路。

第二节　信用风险的管理

一、商业银行的信用风险管理概要

在商业保理尚未在我国成形之前,银行保理一直是我国保理业务的最主要组成部分。因此对于目前尚处于起步阶段的中国商业保理行业而言,商业银行这位"老大哥"的保理经验以及业务教训,以及在风险管理方面的经验,对于新兴的商业保理公司而言都是一份值得学习借鉴的教材。

商业银行在信用风险管理方面,最核心的一点是在于建立全面的信用风险管理体系,该体系主要包括以下几方面要点。

1. 风险识别

信用风险的风险识别是指在信用风险发生前,对风险的类型和原因进行判断分析,是信用风险管理的第一步,主要针对信用风险进行定性分析。

2. 风险度量

风险度量是信用风险管理体系中相当重要的一环,在前期风险识别的基础上,能否对信贷风险进行准确的度量,关系到整个风险管理体系的有效性。目前,由于违约风险是我国银行业所面临的最主要的信用风险,因此,目前各家银行的信用风险管理体系大多侧重于对违约风险的度量,通过建立内部的风险度量模型,对预期违约概率、预期违约损失率等变量进行估计,进而计算银行个体贷款和贷款组合的预期损失和非预期损失,以达到对银行信贷风险进行量化组合度量的目的。

3. 风险控制

在风险识别和度量的基础上,商业银行进而对信用风险采取控制手段,目前银行的风险控制手段主要包括——风险回避、风险转移、损失控制、风险保留等。

二、商业保理公司的信用风险管理

由于目前国内大多数商业保理公司均处于刚起步阶段,从信用风险的管理方式上来说,要一跃上升到目前银行业普遍实行的内部评级法应用的管理阶段上,还有很长的一段路要走。

结合目前的商业保理公司现状,笔者认为在商业保理公司的发展初期,在信用风险管理方面,急需建立的是一套基础的信用风险管理流程体系,以及一套基础的信用风险评估内容。

(一)信用风险管理流程体系

一套基础的信用风险管理流程体系,应包括"贷前、贷中、贷后"三个基本纬度。由于商业保理公司在经营范围上是不得从事贷款业务的,故对应商业银行的三个基本纬度,本文中将商业保理公司的信用风险管理流程体系总结为"营销及申请""审批及发放""监管及回收"三个纬度。

基于上述三个纬度的基础上,可以扩展出一家商业保理公司的基础信用风险管理流程体系,详见图3-1。

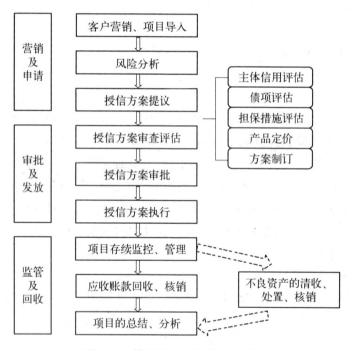

图3-1 基础信用风险管理流程体系

1. 营销及申请阶段

该阶段的工作主要集中在公司前台部门,即业务部门。业务人员在市场上营销开拓后,与需要办理保理业务的客户形成对接,收集客户及项目的相关信息及资料,并进行相关的调查和分析,最终确定是否进行授信申报,若决定申报,则设计制定授信方案,提交公司的中台授信管理部门。

2. 审批及发放阶段

该阶段的工作主要由公司的中台部门负责,包括授信管理部门、授信发放部门(在商业银行中多以"放款中心"来命名)等相关部门。

其中,授信管理部门的主要职责包括以下方面。

(1) 对项目所涉及主体的信用进行审查评估。

相较于银行的流动资金贷款业务,保理业务存在的很大的不同点就在于授信主体方面。在这一点上,贷款业务的脉络十分清晰,即谁贷款就关注谁的资质,而保理业务的产品设计则存在其特殊性,不同的产品类型存在不同的授信评估主体(表3-1)。

表3-1 信用审查评估

	授信评估主体
无追索权	债务人
有追索权	债权人 和(或) 债务人

由上表可见,对于保理业务中的两大分类:有追索权保理业务和无追索权保理业务,所涉及的授信评估主体是存在一定的差异区别的。

① 在无追索权保理业务项下,由于保理公司对于债权人不具有追索权力(仅在基本交易本身存在商业纠纷的情况下,保理公司可行使追索权),故对于保理业务的授信主体评审应主要聚焦在债务人身上。

② 在有追索权保理业务项下,债务人对保理公司承担到期付款责任,债权人对保理公司承担债权回购责任,故债权人和债务人两方均在作为保理项目的授信评估主体。通常情况下,商业保理公司会对债权人和债务人的资信情况进行评估并认定其中有一方为该笔保理业务的主要信用风险承载主体,这也与目前商业保理公司的经营定位现状有着本质上的联系。在目前的国内保理市场上,商业银行仍是保理业务的主力军,且由于银行具有的得天独厚的资金成本优势,导致保理市场上不可避免地出现了客户分层现象,最优质的客户主要通过银行渠道办理保理业务,次一层级的客户才是商业保理公司的主要目标客户。因此,对于商业保理公司而言,债权人和债务人"两头强"的保理业

务一般会较少涉及，商业保理公司所发放的保理业务，大多数情况下是属于"一头强"，且在"一头强"的业务中又以"债务人一头强"的业务为主，这也符合了保理业务的一大特点：债权人可以依靠与债务人的交易事实以及债务人的良好资信状况，达到为自身实现"信用增级"的目的，这实质上也是一种"信用转移"。

（2）对项目的债项信用进行审查评估。

保理业务除了需聚焦债权人、债务人这些相关主体的信用资质外，同样不能忽视对于债项（及债权人和债务人之间的交易行为本身）的审查评估。特别是在很多保理业务都是以债权人作为实际融资方、以债务人作为主要还款来源的情况下，对于交易行为的审查评估缺失，将很有可能导致债务人出现抗辩、拒不履行付款职责现象的发生，影响商业保理公司的资产安全。

（3）对担保措施进行审查评估。

与银行授信一样，商业保理公司的授信中也经常会引入一些担保措施为整个授信进行增级。因此，对于担保措施进行审查评估，也是授信管理部门的主要职责之一，特别是当部分保理项目中债权人和债务人的信用资质均较为一般的情况下，担保措施很多时候即成为商业保理公司同意批准该保理业务的主要依据，相应的，该担保措施也反过来成为该笔保理业务中的主要风险承载体，担保措施的是否有效、是否足额覆盖授信敞口，也在很大程度上决定了该笔保理业务的资产质量。

（4）对产品定价进行审查评估。

"风险越高、收益越大"，这在任何行业中都是一条亘古不变的真理。因此，在对保理项目的主体和债项进行了信用评估之后，就保理业务产品的定价进行评估，确保风险和收益的对等性，也是保理公司授信管理部门的一项必要工作。

目前，在银行业内应用较多的风险收益定价模型是 RAROC 模型。RAROC（risk-adjusted return on capital）模型，即风险调整收益模型，是由美国银行家信托集团于 20 世纪 70 年代首创。

RAROC 模型的基本公式是：

$$RAROC=(收入-资金成本-经营成本-预期损失)/经济资本$$

该模型的核心理念是在评价信贷资产的盈利情况时，考虑该信贷资产的风险状况以及成本（包括预期损失、经济成本等），从而解决了原先的收益评估体系中未将收益与风险有效挂钩结合的问题,以改变金融机构片面追求收益而忽视资产风险的问题。但是,由于 RAROC 模型大多是与内部评级法配套使用的,故对于商业保理公司而言,短期内较难实现以该模型来进行产品定价。

在对于产品定价进行评估这方面,授信管理部门在其中更多体现的是一种对于公司战略的贯彻和落实,比如有 A 和 B 两家保理公司,两家公司的主要资金来源均是银行贷款,所获得的贷款利率也假定都为 7%,但在公司发展战略上,两家公司采取了不同的战略方针:A 公司以扩张战略为主,突出抢占市场份额为先,因此在保理业务的定价策略上制定了"第一层级项目 8%、第二层级项目 9%、第三层级项目 10%"的定价底线;而 B 公司则制定了"控制规模、提高收益"的稳健发展战略,相应的定价策略则为"第一层级项目 10%、第二层级项目 12%、第三层级项目 14%"的定价底线。因此,在上述情况下,同样的一个保理项目,在 A 和 B 两家公司的授信管理部门进行产品定价评估时将会出现完全不同的结果,这结果并不意味着 A 公司的授信管理部门风险意识较为薄弱,只是在于公司所给予的评估标尺不一样而已。这一情况,同样也会出现在客户准入、授信审批等多方面。

(5) 出具授信管理部门的授信方案。

在对于上述四个方面以及其他方面进行综合的审查评估后,授信管理部门应在业务部门所提交的授信方案上,出具部门最终授信方案,完成授信审批流程(在授信管理部门审批权限内)或提交公司相关有权决策人进行决策审批。

上文中主要讲述了授信方案审查评估和授信方案审批两方面内容,在完成授信审批后,随之而来的即是授信方案的落实,也即传统意义上的放款流程,该项工作主要是授信发放部门(相当于银行的放款中心)负责,对于该部门而言,在工作中更多的是对于操作风险进行有效的防范和管理,这在后文中将予以详细分析。

3. 监管及回收阶段

该阶段的工作也主要由公司的中台部门负责,包括资产管理部门、资产保全部门等相关部门。

当然,某些商业保理公司也存在按照"大风险控制部"进行设置的情况,将上文提到的授信管理部门、授信放款部门,以及资产管理部门、资产保全部门等部门全部纳入到大风控部范畴内。本书中，为进一步厘清工作分工和部门间的相关衔接、配合问题，将按独立部门设置的情况进行分析。

在监管及回收阶段，资产管理部门可以说是当仁不让的主力部门，负责从项目存续监控管理，到保理款的回收核销，到项目的总结分析的全过程管理。资产保全部门则顾名思义，负责对于出现风险状况的资产进行资产保全操作，一般而言，商业银行均会设立独立的资产保全部门，而商业保理公司由于尚处于发展初期阶段，很多商业保理公司目前还未配备专业的资产保全人员，也未设立独立的资产保全部门，大多数情况下是将资产保全职能归入资产管理部门的工作范围内。

（二）信用风险评估内容

在信用风险管理流程体系形成的同时，相应的信用风险评估内容，也需要建立，以确保整个商业保理公司的信用风险管控体系能有效运转。

作为基础的信用风险评估内容，主要应包括以下两部分。

（1）授信主体评估；

（2）债项评估。

上述两部分的评估标准可以称得上是基础信用风险评估的核心，其内涵可贯彻、覆盖到商业保理公司比照银行"贷前、贷中、贷后"的三个阶段中，需要相应调整的只是在不同的阶段中不同岗位上所需进行的适合该岗位定位的职责描述。

以下将对这两部分信用风险评估内容进行详细分解。

1. 授信主体评估标准

（1）确定授信主体。

前文中也谈到，由于保理产品结构上的特殊性，导致在保理业务中商业保理公司不能像银行发放贷款一样，把关注点仅仅集中在借款人（保理业务中的债权人）身上，而是应该根据保理产品的结构和类别，相应确定该笔业务中的授信主体，这个授信主体，可能是债权人或债务人中的某一方，也有可能债权人和债务人均为授信主体。同时，在授信主体仅为某一方的情况下，也不意味着对于另一方的信用风险即可放任无视，只是在关注度上可相应的简化、弱化，以抓住保理业务中的核心风险承载体，提高保理公司的运营效率。

在此以保理业务最基础的两大分类——有追索权和无追索权、明保理和暗保理为基础来进行分析如何确定授信主体的一些简单判断逻辑（表3-2）。

表 3-2　授信主体评估

类　型	一　般　情　景　分　析
暗保理	(1) 认定债权人的回购能力足够强，可相应减少对债务人付款的依赖，该情形下评估主体一般为债权人； (2) 债务人较为强势，保理公司无法落实债权转让的确认（或仅能以单方面通知送达的明保理形式），该情形下的评估主体认定较为复杂，需结合债权人和债务人的实际情况进行判断； (3) 债务人付款能力较强，且保理公司对于债务人的熟知度或信任度较高，已无须通过债权转让确认的方式来进行确认，该情形下评估主体一般为债务人； (4) ……
明保理	(1) 认定债权人的回购能力较弱，无法承载保理项目风险，希望通过明保理的方式确认债权的清晰性以及债务人的付款意愿，该情形下评估主体一般为债务人； (2) ……
无追索权	(1) 债权人有出表或其他原因，要求办理无追索权保理业务，保理公司在基于债务人的强付款能力以及良好付款意愿的情况下同意办理该业务，评估主体为债务人； (2) ……
有追索权	(1) 债务人的付款能力以及付款意愿均较为一般，保理公司需要保留对债权人的追索权以保障保理资产的最终安全，该情形下评估主体一般为债权人； (2) ……

按对商业保理公司的风险程度由低至高来对上述 4 个保理类型进行组合排列，风险暴露程度最低的是有追索权明保理，最高的是无追索权暗保理，而位居中间的有追索权暗保理和无追索权明保理两者孰高孰低，则需根据实际项目情况进行判断。

确定授信评估主体有以下作用：① 帮助保理公司在业务洽谈中确定公司可接受的保理类型；② 帮助保理公司明确审查关注重点，提高项目评估效率；③ 帮助保理公司明确在保理项目发放后的存续期内的关注主体，提高资产管理效率。

总体而言，保理业务作为一项涉及债权人和债务人两方的融资产品，有其结构上的特殊性，因此，确定授信主体，对于商业保理公司而言，应该是一项有现实操作意义的工作。确定授信主体的时间一般建议设在项目介入初期，尤其是对于一些线条清晰的项目（如小型私企向大型国企供货，操作有追索权明保理业务，授信主体定位大型国企），在项目评审过程中也可以根据评估的实际情况以及产品类型的调整而相应调整授信主体(如发现大型国企不愿书面确认债权转让,且货款支付较为随意,则调整角度,评估小型私企的回购能力、减少保理额度,则授信主体可调整为小型私企)。总之,授信主体的确定是便于商业保理公司寻找到介入该保理项目的主要抓手(暂不考虑担保措施情况),保障审查逻辑的清晰化和效率化。

(2) 评估授信主体。

对于授信主体的评估,笔者建议可以从以下方面着手。

① 企业背景情况。

了解企业的基本情况,包括成立日期、注册地址、经营地址、注册及实收资本、股东结构及出资方式、企业组织架构、主要管理层情况、经营范围、从事主业等。对于成立不满3年的新企业,应从紧把握。对于主业不突出,或经营跨度大、投资分散度高、竞争优势不明显的,应谨慎对待。

了解企业的股东背景,包括股东背后的实际控制方情况,关注实际控制方的背景、集团架构、集团内主要关联方、经营的行业领域等。对于集团呈现无序多元化发展的,或集团涉足高风险行业的,需重点关注。

了解企业近两年内是否有发生股权变更情况,并重点关注以下几方面: a) 股权变更的真实原因; b) 老股东与新股东的关系; c) 股权变更给企业所带来的变化和影响。

② 企业资信信息。

了解企业的融资信息,包括直接融资渠道和间接融资渠道两方面。直接融资渠道包括上市、发行债券、发行中期票据、发行短期融资券等,关注的信息应包括上市时间、上市市场、股本情况、股价走势,或者发行时间、发行市场、发行规模、期限、成本、担保措施等;间接融资包括银行融资、融资租赁、商业保理、小贷等,关注的信息应包括期限、金额、利费率、担保措施等。

了解企业的资信情况。了解企业是否有外部评级以及评级机构的名称、评级的时间和评级的结果等,对于外部评级,不能仅仅关注评级结果是 AA 还是 BB 而忽略了评级机构的资质。了解企业的贷款卡信息情况,贷款卡作为我国目前能较为公允的反映企业在银行、信托端融资情况以及不良记录情况的工具,其查询信息对于商业保理公司判断企业间接融资能力还是具有非常重要的参考意义。另外,还可以从其他网上渠道了解企业的资信情况,包括查询工商信息、查询法院失信被执行人信息,以及通过搜索引擎查询企业是否存在重大负面信息等。

③ 企业所处的行业情况。

分析企业所处行业的基本情况,包括行业的当前规模、行业内的主要代表企业、行业的上下游产业链结构、行业目前的整体发展状况等,判断该企业在行业内所处的层级地位。分析行业的成熟度状况,判断该行业是处于新生、成长、成熟、衰退四个周期中的哪一阶段;分析行业的周期性状况,判断是属于亲周期性、反周期性,还是属于无周期性行业;分析该行业成本构成,包括固定成本、变动成本等,判断该行业属于高经营杠杆还是低经营杠杆,是否存在规模经济;分析行业盈利能力状况,包括行业平均盈利水平以及行业内第一层级企业的盈利水平等;分析政府对于该行业的监管要求,如行业准入监管、产品质量或产品特征的监管、保护性关税和产品定价的监管、环保监管等,关注监管背后含义,以及关注监管对行业发展的促进或限制作用。

④ 企业经营情况分析。

了解企业的基本经营概况,包括从事的业务、经营的历史、产品情况、营收情况等。

了解企业的战略规划和发展定位,关注企业是否有意进入敏感性行业(如两高一剩行业、大宗交易类行业等),关注企业的跨行业投资策略是否稳健等。

了解企业在行业中的市场份额,关注企业的核心竞争优势以及优势产品或优势区域,评估企业的经营稳定性。参考行业成熟度分类,对于企业的经营阶段进行判断,分析企业属于新生型公司、成长型公司、成熟型公司、衰退型公司中的哪一类。一般来说,新生型和衰退型公司的风险都相对较高,其中新生型公司的风险主要是在于对于未来发展的不确定性,而衰退型公司则将会面临较大的经营风险。

了解企业提供的产品与市场需求的匹配度,关注产品的核心竞争力情况以及产品附加值状况,同时关注市场的需求是否稳定,竞争是否有序。

分析企业的供应情况,包括劳动力的供应以及原材料的供应等,关注企业是否有能力获得稳定的劳动力和原材料,评估企业的议价能力,了解企业的主要上游供应商以及双方之间的交易量以及交易模式情况,关注企业是否会存在原材料供应不足或者存在原材料积压的情形。

如为生产型企业,还应对企业的生产能力进行评估,了解企业的生产条件、生产工艺、生产过程、产品质量、仓储物流管理等方面,关注企业在生产方面是否具备可持续性以及良好的适应性。此外,还应判断企业是属于劳动密集型、资本密集型,或是技术密集型。

了解企业的销售方式、销售策略、对下游主要客户的销售集中度、销售区域分布，以及了解下游主要客户的资质情况、结算方式、账期设置情况等信息。此外，还需对企业的销售增长原因进行分析，判断企业销售增长是由于企业达产率的提升、产品技术革新、广告营销的投入，又或是整体市场需求量的增长，关注销售增长的内在原因，以评估企业销售的可预测度和可持续性。

　　⑤ 企业财务状况分析。

　　关注企业的财务报表是否经过会计师事务所审计，以及该会计师事务所的资质和信誉。同时，需关注事务所的审计意见情况，出具的是无保留意见、带有说明段的无保留意见、保留意见，还是拒绝发表意见，对于后三种意见，应持谨慎态度对待，尤其是会计师事务所拒绝发表意见的审计报告，一般代表这企业在账务处理上存在较大问题，原则上应不予以介入。

　　同时，要分析企业所采用的会计政策是否合理，是否与行业情况以及之前会计年度的会计政策保持一致，警惕企业通过随意调整会计政策以达到粉饰报表的目的。

　　此外，对于审计报表，也需保持审慎的态度，尤其是中小型会计师事务所出具的审计报表，应保持清醒、独立的判断，将审计报表内容与了解到的企业信息进行对照验证，评价审计报表的可信度。

　　对于报表科目，应由点及面地进行分析，对于金额较大的科目、变化较大的科目、重要科目（如应收应付、其他应收应付、净资产等）均应有针对性地进行分析，了解科目附注，并与企业历史值、行业平均值等相关数据进行类比分析，关注数值背后所反映出的企业现状以及趋势。在对重要科目进行分析的基础上，进而再对报表进行整体分析判断，评估报表结构的合理性。

　　分析企业的销售能力以及盈利能力，关注企业产品的毛利率水平。分析企业的流动性指标以及资金周转效率指标，结合保理产品的业务期限结构，重点评价与保理业务期限相匹配的企业偿债能力情况。分析企业的融资渠道以及融资能力状况，评估企业的化解财务风险的能力，但同时也需要关注企业是否存在过度融资的问题。分析企业的现金流量情况，并重点分析经营现金流的质量状况。

　　2. 债项审查评估要点

　　在对于债权人债务人中的授信主体进行有效评估的同时，作为对保理业务中的另一大要素——保理债项的评估也存在其必要性和重要性。对于债项的评估，是指基于对买卖双方之间交易本身的特定风险所进行的分析和评价，以反映买卖双方违约后的债项损失情况。

对于债项进行审查评估，首先需要确定可接受的债项范围。根据天津市高院于 2014 年 11 月印发的《天津市高级人民法院关于印发关于审理保理合同纠纷案件若干问题的审判委员会纪要（一）的通知》中对于应收账款债权的描述：应收账款债权是保理商受让的、债权人（卖方）基于履行基础合同项下销售货物、提供服务或出租资产等义务而对债务人（买方）享有的债权。应收账款的权利范围一般包括：销售商品产生的债权，提供服务产生的债权，出租资产产生的债权，公路、桥梁、隧道、渡口等不动产收费权让渡产生的债权，以及保理商认可的其他债权。虽然行业中对于保理可接受的应收账款债权范围一直是存在界限的争议，但天津作为我国商业保理发展的主要阵地之一，天津高院的这一定义还是具有较好的指导意义。

对于债项的审查评估，应侧重于以下几方面纬度：

（1）对于买卖双方交易历史的评估。了解双方的交易模式、流程，关注应收账款形成的时间以及确认的方式，同时需关注双方的历史交易中是否存在商业纠纷或者频繁的退换货情况等。

（2）对于交易过程的剖析和评估。剖析整个交易过程中所对应的信息流、物流、资金流的流转情况以及所涉及的当事人和时间点，以评估交易的完整性和合理性，以确定该交易过程是否适合介入保理业务，以及是否有利于加强交易背景真实性的审核，以保障保理基础债权的有效性。

（3）对于交易所涉及的文件资料进行审查评估。这里指的文件资料，包括基础交易合同、发票，以及可能存在的订单、发货单、运输单据、收货单、入库单等。通过对于文件资料的审查评估，结合上文中对于交易过程的剖析，以佐证交易的真实有效性，以及明确在保理业务中的风险控制关注点。

第三节　其他信用风险管理手段在保理中的运用

一、反向保理的应用

反向保理，是指以具备履约偿付实力的买方作为产业链中的核心企业，保理商在认可核心企业履约能力以及履约意愿的基础上，满足核心企业上游供应商应收账款保理需求的业务。

反向保理业务的核心内涵是债务人（核心企业）具备对基础交易合同的履约能力以及履约意愿，在此基础上，保理公司相应弱化对债权人的资质准入标准以及信用风险评估要求，来提高保理业务的办理效率。

核心企业确认应收账款债权的有效性以及确认应收账款债权向保理公司的转让，是反向保理的业务基础，但仅仅做到这一点的话，就大大降低了反向保理的产品效用。笔者认为，对于商业保理公司来说，发展反向保理业务可分为以下三个阶段。

1. 信息通畅

信息通畅主要是指保理公司与核心企业之间在信息沟通方面的通畅，这个通畅包括核心企业向保理公司提供其上游供应商的交易历史信息、资质评价信息，以及确认核心企业与上游供应商之间的应收账款余额情况。

2. 客户推荐

对于核心企业而言，反向保理业务的开展，有利于加快整条产业链的资金效率，同时也有利于核心企业去与上游供应商谈判议价来延长其付款账期。因此，基于上述原因，核心企业有动力向保理公司去推荐其上游供应商作为保理客户，将有利于保理公司的业务开拓以及提升对该条产业链的监控力度。

3. 系统对接

依托计算机与网络技术的迅猛发展，信息交互以及金融 e 化已成为一种趋势。对于核心企业反向保理业务而言，信息传递以及操作的线上化也是一种必然的发展趋势，通过开发反向保理业务系统，核心企业可以在线上向保理公司提交以及确认各类供应商的应收账款信息，配合保理公司确认应收账款债权，协助保理公司完成向供应商的线上融资业务。当然，反向保理业务系统也可进一步开发，与核心企业的 ERP 系统进行对接，可进一步提高双方合作黏度，降低人力操作成本。

二、信用保险的应用

（一）信用保险的概念以及在国内的发展

信用保险是权利人向保险人投保债务人信用风险的一种保险产品，以债务人到期不能履行或不能完全履行其在合同下的债务清偿义务为保险事故，由保险人承担被保险人在合同下的经济损失。信用保险的原理是将债务人的保证责任转移给保险人,以保障被保险人的应收账款债权安全。

信用保险下承保的保险事故主要分为两类:一类是买方发生破产、清算等情况导致无清偿能力;另一类是买方拖欠应收账款,信用保险中一般会设置一个等待期,应收账款到期后若买方拒不付款,卖方需通知保险公司,该通知之日即为等待期的起算日,等待期(一般为180天)满后买方仍未付款的,纳入信用保险承保范围。

信用保险,作为投保人进行风险管理的一种工具,作用主要体现在以下方面。

(1) 降低企业赊销风险;

(2) 提高企业的外部融资能力;

(3) 减少应收账款坏账准备的计提,合理美化财务报表;

(4) 借助保险公司渠道,进一步了解买方客户资质以及监控买方风险,有助于加强自身风险管理能力以及促进销售的增长;

(5) 由保险公司协助催收应收账款,以及在承保范围内获得保险公司的赔偿。

信用保险分为出口信用保险和国内信用保险,其中出口信用保险在国内开展时间较早,其中中国出口信用保险公司作为我国唯一的政策性出口信用保险公司,在出口信用保险市场上占据了明显的优势地位。国内信用保险方面起步相对较晚,2003年10月,中国平安财产保险公司在全球三大信用保险公司之一——科法斯的协助下,推出了"企业国内贸易应收账款短期信用保险",该险种是我国第一个国内信用保险,填补了国内贸易信用保险市场的空白。目前,我国国内开展国内信用保险的保险公司主要有中国出口信用保险公司、中国平安财产保险公司、中国大地财产保险股份有限公司、美亚财产保险有限公司、中银保险有限公司等。

(二) 信用保险与商业保理的合作之道

对于商业保理公司而言,与信用保险公司的合作存在良好的合作空间,主要体现在以下几方面。

1. 风险转移

商业保理公司从事的保理业务是以应收账款的受让作为支付保理款的对价,故应收账款的质量将直接决定保理公司资产的安全度,若卖方投保信用保险,则可有效降低买方履约风险,保理公司作为应收账款债权人达到将风险向保险公司转移的目的。此外,据了解,就信用保险项下赔款权益的转让问题,目前已有多家保险公司可以进行操作,将保险赔款权益由原保单受益人转为保理公司,这也将有效提高保理公司对信用保险产品的关注度以及接受度,更多地在保理业务中嵌入信用保险产品。

2. 提高买方信用评估能力

商业保理公司在进行保理业务前,一般会对保理买方资质进行评估,以确定应收账款质量状况。同样,保险公司在办理信用保险业务时,也会对投保人对递交的买方进行资信评估,筛选出保险公司所接受的买方以及确定每个买方的最高保额。相对于目前仍处于初生期的商业保理公司而言,保险公司目前具有更强的信息搜集、信用评估能力,故商业保理公司与保险公司在保理业务上的信用保险合作,将有助于商业保理公司提高对买方的信用评估能力,进而提高保理公司自身的风险管理能力。

3. 客户资源共享

保理公司和保险公司均拥有自身的客户渠道和客户资源,同时在经营业务上双方是属于互补形态,不存在明显的对立、竞争情形,故加强双向的客户资源共享,将有利于双方的业务开展,同时也有助于强化信息的传递共享,提高风险管理能力。

虽然商业保理公司与保险公司在合作空间以及合作收益上均具有良好的发展前景,但同时商业保理公司也应清晰地认识到:保险不等于担保。信用保险属于保险产品,与《担保法》下的"保证",也就是通常所称的第三方担保,仍存在较大差异,保险公司仅对满足保单条款约定要求的损失部分进行赔偿,投保人以及商业保理公司需重点关注信用保险条款中的限制性条件,尽可能实现保险的保障作用。目前,信用保险中的限制性条件一般包括:贸易的真实合法有效性、关联交易、卖方的违约、被保险人的通知义务等。

三、第三方资信机构的应用

如果将现阶段的国内大多数商业保理公司,与商业银行特别是大型股份制商业银行来对比,商业保理公司更像是一个个光杆司令在市场上作战,而商业银行则像是一个集团军在全国不同地区接受统一调度进行作战。商业保理公司的小型化、单一化,以及经营业务的跨区域化,所带来最大的问题即是在获取信息能力方面存在短板,这个获取信息能力包括了以下几方面内容。

(1) 对行业发展状况以及运行特征的了解；

(2) 对区域发展状况以及经济特征的了解；

(3) 债务人资信情况的调查了解；

(4) 保理项目存续期内的上述三方面信息的及时更新。

上述四方面内容，其实可以总结为三个目标和一个要求，即行业、区域、债务人三个目标，以及及时更新的时效性要求。

在行业、区域、债务人这三个目标中，对于行业和区域这两者，商业保理公司还是有不少的信息获取渠道，包括政府网站、经济新闻、券商等机构的分析报告等，但对于债务人这一目标，由于其不是保理业务的直接融资方，一般而言也无义务向保理公司提供企业信息资料，故相对而言获取信息的来源较为缺乏，导致保理公司无法有效评估债务人资质而影响了保理业务的开展，在此背景下，引入第三方资信机构则成为一条蹊径。

目前，在国内市场上较有影响力和市场占有率的资信机构包括知名的美国邓白氏、北京的新华信，除此之外，在全球范围内，较为著名的资信机构还包括美国克莱勒商业信息集团、荷兰格瑞顿公司、德国信用联合公司、日本帝国征信公司等。

借助资信公司的渠道，可帮助保理公司有效了解债务人（或债权人）的资信信息，帮助保理公司进行信用风险审查评估，达到专业分工、降本增效的目的。

第四节　融资租赁保理业务分析

一、目前国内融资租赁行业发展现状

根据行业数据显示，截至 2013 年年底，全国在册运营的各类融资租赁公司（不含单一项目融资租赁公司）共约 1 026 家，较上年同比增长 83.2%。其中，金融租赁 23 家，增加 3 家；内资租赁 123 家，增加 43 家；外商租赁约 880 家，增加约 420 家。

资本金方面，截至 2013 年年底，租赁行业注册资金达到 3 060 亿元，较 2012 年年底的 1 890 亿元增长 61.9%。其中，金融租赁板块方面，2013 年年末注册资金 769 亿元，较上年同比增加 147 亿元。内资租赁板块方面，我国商务部和国家税务总局于 2013 年 1 月和 9 月先后两次共批准 44 家企业成为内资融资租赁业

务试点企业,再加上万向租赁、山工租赁、佳永租赁等企业的增资,使内资租赁板块的注册资金达到551亿元,较2012年年底增加187亿元。外资租赁板块方面,随着新设企业的持续增长,以及平安租赁、远东租赁等大型外商投资企业的增资,截至2013年年末外资租赁板块的注册资金达1 740亿元人民币,较2012年增加836亿元。

租赁业务量方面,截至2013年年底,全国融资租赁合同余额约为21 000亿元,同比增长35.5%。其中:金融租赁板块的合同余额约8 600亿元,比上年年底的6 600亿元增长2 000亿元,增幅30.3%,业务总量约占全行业的40.9%;内资租赁板块的合同余额约6 900亿元,同比增长27.8%,业务总量约占全行业的32.9%;外资租赁板块的合同余额约5 500亿元,同比增长57.1%,业务总量约占全行业的26.2%。

总体而言,当前我国融资租赁行业发展势头良好,租赁项目增长迅速,租赁资产额大幅扩张,为融资租赁保理业务提供了良好的发展平台和发展机遇。

二、融资租赁保理的作用以及业务模式

(一) 融资租赁保理的作用

(1) 融资租赁公司通过将其持有的存续租赁项目资产所形成的应收租赁款转让给保理商,以达到有效拓宽融资租赁公司的融资渠道问题。

目前融资租赁企业多属于高财务杠杆经营,且资产主要集中在应收租赁款科目,可满足银行抵押贷款要求的实物资产普遍较少,而信用贷款和保证贷款则很大程度受制于融资租赁企业的自身资质以及担保方的资质情况。在这种情况下,通过融资租赁保理方式来盘活租赁企业最主要的资产——应收租赁款,不失为一个拓宽融资渠道的好途径。通过保理业务,租赁企业可将租赁项目未来几年的租金流入一次性折现,以获得新租赁项目的投放资金,提高自身资产规模以及市场份额。

在保理业务的产品理念上,保理业务的第一来源为应收账款债权中的债务人,即基础交易买方的到期付款,当债务人的资质明显优于债权人的资质时,以该应收账款债权作为获得融资资金的对价,则一定程度上起到了为债权人进行信用增级的作用,有利于债权人摆脱自身信用资质的限制,提高外部融资能力。

(2) 通过无追索权保理业务,融资租赁公司可达到改善资产负债表、解决资本监管瓶颈的问题。

目前,对于融资租赁公司的监管要求中,很重要的一条即是对于风险资产与净资产(或资本净额)的比例约束。

金融租赁方面,银监会 2007 年颁布的《金融租赁公司管理办法》中规定"金融租赁公司资本净额不得低于风险加权资产的 8%";2014 年 3 月,银监会最新颁布的《金融租赁公司管理办法(2014)》中虽然没有明确提出比例要求,条款调整为"金融租赁公司资本净额与风险加权资产的比例不得低于银监会的最低监管要求",但监管方向及监管意愿仍相当明确。

外资及内资租赁方面,商务部 2004 年下发的针对内资融资租赁企业的《关于从事融资租赁业务有关问题的通知》中规定"融资租赁试点企业的风险资产(含担保余额)不得超过资本总额的 10 倍"。商务部 2005 年颁布的《外商投资租赁业管理办法》中规定"风险资产一般不得超过净资产总额的 10 倍。风险资产按企业的总资产减去现金、银行存款、国债和委托租赁资产后的剩余资产总额确定"。商务部 2013 年 9 月颁布的《融资租赁企业监督管理办法》中的要求"融资租赁企业的风险资产不得超过净资产总额的 10 倍"。

在上述监管要求下,租赁公司的应对之道无外乎两种:一是增加净资产,主要包括自身未分配利润的积累以及股东方的增资;另一种则是降低风险资产额,在这方面,无追索权保理业务,作为保理产品中的一个分支,可起到应收账款"出表"的作用,可有效降低风险资产金额,帮助租赁公司美化资产结构,满足监管要求。

此外,除了应对风险资产比例的监管要求外,无追索权保理对于租赁公司的作用还体现在以下方面:① 风险转移。无追索权保理业务,可以简单将它理解成为一项"卖资产"的业务,通过该项业务,租赁公司将租赁资产的风险转嫁给保理商,除非涉及商业纠纷,否则保理商不得向租赁公司进行追索。② 结构调整。这里所指的结构包括两方面:一是行业投向结构,二是期限分布结构,这两方面的调整一般都与租赁公司的发展战略调整相关,通过无追索权保理业务,租赁公司可以将持有的质量较好但不符合公司发展战略的租赁资产转让给保理商,获得新的资金用于投向符合公司战略方向的新租赁项目,以达到腾笼换鸟的目的。

虽然无追索权保理业务的作用明显,但是由于当前我国保理行业的发展尚处于初级阶段,以及我国租赁行业的租赁资产主要集中于银行授信相对覆盖度较低的中小企业以及部分特殊行业(如医疗、教育),导致目前租赁行业和保理行业在无追索权保理产品方面的实际业务合作较少,保理商一般更希望保有要求租赁公司进行回购的权力以提高保理项目的抗风险能力。但无可否认,无追索权保理业务作为保理产品分类中的一种,有其存在的合理性以及发展空间,特别是无追索权保理的"出表"功能,对于很多希望美化资产负债表结构的企业而言,仍是一种有效的途径。

(3)通过应收债权的转让、保理商的介入,由保理商来提供应收账款管理和应收账款催收的服务,帮助租赁公司对租赁项目的应收租赁款进行管理,应收账款的管理和催收服务尤其适合于新设立的租赁公司或者自身资产管理能力不足的租赁公司。

(二)融资租赁保理的业务模式

从定义上,融资租赁保理是指租赁公司将其持有的融资租赁合同项下的未到期应收租金债权转让给保理商,保理商相应提供保理服务的一项业务。

在业务模式上,融资租赁保理大致可分为两大类。

一类为标准的融资租赁保理业务,可称为"先租后保",即租赁合同生效在先、保理合同生效在后,租赁公司以其自有或自筹资金完成租赁合同项下的设备采购、交付等程序,满足租赁合同生效条件后,将租赁合同项下的应收租赁款债权转让给保理商并要求保理商提供保理服务。

另一类则是可称为"先保后租",即租赁公司和承租方已签订了租赁合同,但合同尚未生效,保理商基于租赁合同将产生的未来应收账款债权,先行发放保理融资,为租赁公司在该租赁合同项下的履约提供资金支持,促成该租赁合同的生效,生效后所产生的应收租赁款债权归属保理商所有。

在上述两大模式的基础上,根据保理业务的自身分类(有追索权和无追索权、明保理和暗保理)可延伸出多种业务模式,如有追索权明保理的先保后租业务、有追索权暗保理的先租后保业务等,在此就不再一一赘述。

另外,目前市场上大量操作的回租赁业务,从保理商的视角来看,租赁公司的回租赁业务在本质上与一般的直租赁业务无异,只是在"先保后租"模式下的保理融资款发放上,保理商应根据直租赁和回租赁业务的特点,进行不同的操作以规避业务风险:直租赁模式下,保理商应依据租赁公司与设备厂商签订的设备采购合同,将保理融资款直接划付至设备厂商账户,并继续监控设备物流到达承租方的进展情况,以保障租赁合同的顺利生效;回租赁模式下,保理商应将保理融资款直接付款至承租方账户,来保障租赁合同的顺利生效。

三、融资租赁公司的评估要点

融资租赁保理业务中,对租赁公司进行有效的评估可谓是保理商必不可少的一个重要环节,其意义主要在于两方面:① 基于对租赁公司的评估,了解租赁公司的发展战略定位、内部管理水平、项目风险控制能力等方面,以评判该租赁公司的风险理念以及管理能力是否符合保理商的筛选标准,为第二步保理商挑选拟受让的租赁项目应收债权提供参考依据;② 在有追索权保理的模式下,评估租赁公司对应收债权的回购能力。

针对租赁公司的评估,本文暂时先抛开财务分析环节,建议可以从以下的其他角度入手。

1. 租赁公司的股东背景分析

无可否认,强大的股东方背景可以对一家租赁公司的发展起到相当巨大甚至关键性的作用。纵观目前市场上的知名融资租赁公司,基本上都是具有良好的股东背景,如500强企业中化集团旗下的远东租赁、同为500强企业平安集团旗下的平安租赁,就更不必谈工银租赁、国银租赁、交银租赁等金融系租赁公司背后的银行业巨头了。

纵观目前市场上的融资租赁公司,若按企业背景分类,主要可以分为以下几类:

(1) 金融类:这里所指的金融类既包括了工银租赁、国银租赁等金融系租赁公司,也包括平安租赁(平安集团)、恒信租赁(海通证券)、美联信租赁(美国CIT集团)之类的股东方为金融背景的租赁公司。这类租赁公司的特点主要为综合实力强、渠道资源优势较为明显,尤其是融资渠道方面的优势尤为突出。

(2) 厂商类:该类租赁公司诸如卡特彼勒融资租赁、小松融资租赁、中联重科融资租赁等。厂商类的租赁公司,其背后多为国内或国际知名的设备生产厂商,这类租赁公司的很大一个特点就是专营母公司(或集团)的产品,其发展战略定位更多的偏向于协助母公司(或集团)完成设备的销售任务,同样,厂商类租赁公司在向金融机构进行融资时,母公司(或集团)一般会提供担保或承诺回购租赁设备等。分析市面上的厂商类租赁公司,不难发现该类租赁公司在工程机械行业的聚集度最高,国内外知名的工程机械厂商一般均为设立自己的融资租赁公司,这也与工程机械行业的融资租赁渗透率较高相匹配。

(3) 偏厂商类:偏厂商类租赁公司相较于上文中所述的厂商类租赁公司的

不同在于，厂商类租赁公司更多地体现出经营租赁物方面的"专一性"，而偏厂类租赁公司则更多地呈现出"兼容性"，既不放弃母公司（或集团）在某一设备领域的优势，也不排斥在其他母公司（或集团）所不涉及的行业或领域从事融资租赁业务。偏厂商类租赁公司的典型代表包括中航租赁（中国航空工业集团）、安吉租赁（上汽集团）等。

（4）综合类：相较于上文中提到的金融类、厂商类、偏厂商类，综合类则是囊括了融资租赁公司的剩余领域，综合类融资租赁公司并不意味着实力上就弱于前三类，其中也有像远东租赁这样的行业龙头型企业，只是在背景分类上，综合类的特点不如前三类那么清晰。

关于股东背景的分析，除了对母公司（或集团）的自身实力分析外，还应包括母公司（或集团）对融资租赁的发展定位以及投资力度（包括后续增资力度）、母公司（或集团）能带给租赁公司的资源及支持（包括上游采购资源、下游客户资源、外部融资渠道资源，以及内部资金支持、融资担保支持等）、母公司对于租赁公司的管控力度（包括是否纳入集团现金池管理等）等，通过对股东背景的分析，来评估租赁公司的综合实力和发展潜力。

2. 租赁公司行业投向分析

正如大型商业银行一般每年都会对主要涉及的行业制定相应的行业授信投向策略一样，行业投向策略对于融资租赁公司而言，也具有十分重要的作用和意义。

21世纪租赁行业大发展以来，已被挖掘出的适合融资租赁的行业包括医疗、印刷、飞机、船舶、工程机械、教育等，其中有适合金融系租赁公司的飞机、船舶（大型）等，也有适合各类租赁公司的印刷、教育等；有抗周期性风险较好的医疗、教育等，也有已遭受过行业震动的船舶、工程机械等。因此，行业投向分析也应作为保理商评估租赁公司的重要纬度之一。

清晰的行业投向战略应包括：计划投向哪个或哪几个行业的融资租赁业务，各个行业的投向占比分布如何，投向上述行业的原因以及是否具备全面或局部性的竞争优势等。

目前国内发展领先的租赁公司，均十分重视行业投向的研究，通过行研来及时调整公司发展方向和资产结构，捕捉高潜力行业的发展机遇、规避高风险行业的不利影响。

3. 租赁公司融资能力分析

融资租赁公司作为高财务杠杆经营的企业，对外部融资的依赖性不言而喻，融资能力的强弱,在一定程度上等同于租赁公司的造血能力,将直接决定租赁公司的扩张能力以及持续发展能力。

评价租赁公司的融资能力,第一步应评估其间接融资能力的强弱,间接融资能力一般指向银行、保理公司等金融机构获得融资的能力,评估间接融资能力,可以从融资额度、融资期限、融资价格、担保措施、提供融资的金融机构数量等方面入手。第二步则应了解租赁公司是否具备直接融资能力以及评估直接融资能力的强弱,直接融资能力指租赁公司在一级市场上发行股票、债券、中票、短券、ABS等的能力,基于直接融资方式的高准入门槛以及低融资成本,故若具备直接融资能力,则在某种程度上已可认定为该租赁公司的融资能力良好。评估直接融资能力,可从发行市场、发行价格、发行期限、外部信用评级等方面入手。

4. 租赁公司资产管理能力分析

融资租赁项目普遍存在项目存续期长(一般为3年左右)、还款次数多(多为按月或按季还款)的特点,故对于租赁公司而言,租赁资产持续管理能力的重要性丝毫不亚于租赁项目准入评估能力。同时,也正是基于租赁项目的存续周期普遍较长,部分项目可能会由于对应行业的周期性波动而面临信用风险放大的情况,故对一家租赁公司的全面评价中,资产管理能力的评价也是必不可少的评价维度之一。

租赁项目的资产管理主要包括了租金管理、租赁物管理,以及定期查访机制、风险预警机制、出险管理机制等多方面内容,其主要目的包括提醒和约束承租方的租金支付行为、作为租赁物物权所有人对租赁物进行监管、定期评估承租方的履约能力,关注以及采取措施应对行业周期性波动、行业突发事件、承租方突发事件等风险状况等。一套成熟且完善的资产管理体系,可以有效提高租赁公司的抗风险能力、增强公司持续经营能力。

四、融资租赁项目的筛选要点

对于从事融资租赁保理业务的保理商而言,租赁项目的优劣将直接决定保理商所受让的应收债权的质量,故在对租赁公司进行评估的基础上,对于租赁项目进行有效的筛选,是保理商降低保理业务风险的有效方法。

对租赁项目的筛选,可从以下要点入手。

(1) 项目投向行业。前文已对行业投向的重要性进行了分析,此处不再赘述。

(2)承租方资质。有句俗语叫没有不好的行业,只有不好的企业。对于保理商而言,承租方对于租赁合同项下租金支付的正常履约是还款的首要来源,因此如果承租方的行业地位优势明显、经营及现金流情况稳定,那么保理商应可相应降低对于行业的要求。

(3)租赁项目期限。对于租赁项目期限,应从两方面着手评估,一是租赁项目已经存续的期限有多长,其意义在于调查项目前期租金回收情况是否正常;二是租赁项目剩余的期限有多长,其意义在于保理商评估该项目后期所可能承受的风险的不确定性有多大,以及与保理商的保理期限结构策略是否吻合等。

(4)租赁物情况。评估内容包括租赁物的通用性、市场需求情况、处置便捷程度、处置折价幅度等方面。这主要是考虑在第一还款来源不能落实的情况下,租赁物作为第二还款来源对项目的保障情况。

(5)租赁合同。评估内容主要为关注租赁合同中是否有不利于保理商作为应收租赁款债权方利益的条款内容,是否存在明显的倾向于承租方的条款等,避免因合同瑕疵导致权益落空的情况。

(6)对于多个租赁项目组成的资产包,除从单体项目方面考虑上述要点外,还应从整个资产包的角度,合理配置投向行业分布、合理控制项目的平均金额以及最大金额、合理搭配好资产包中的还款节奏,通过合理组合租赁资产的方式来降低风险的发生概率以及损失影响度。

复习思考题

1. 信用风险的度量主要有哪些方法?
2. 保理业务主要分为哪些类型?
3. 信用风险的主要评估内容有哪些?

第四章

操作风险管理

本章概要
- 操作风险的概述
- 银行操作风险的管理
- 商业保理公司操作风险的管理
- 操作风险案例解析

第一节 操作风险的概述

一、操作风险的定义

操作风险虽然伴生于金融的诞生,但事实上全球金融业对操作风险的关注和重视,以及进行专业独立的分析研究也主要集中在最近十几年,尤其是在新巴塞尔协议提出并将操作风险纳入资本充足率计算之后。而催生和促进操作风险理论及实践研究的内因,则主要是由于 90 年代起金融创新层出不穷的同时,重大操作风险事件也屡见不鲜,导致旧巴塞尔协议中对于资本充足率的要求无法有效防范商业银行经营方面的风险,商业银行可能因为一次重大操作风险事件的发生而陷入经营困境甚至面临破产局面。

国际清算银行早期对操作风险所作定义为：由人为失误或技术上的错误等导致损失的不归类于市场风险和信用风险的其他任何风险。

之后，英国银行业协会于2001年提出并被国际清算银行所采用的操作风险定义为：由不恰当的或失败的内部处理，由人员或系统以及外部事件导致损失的风险。这也是目前行业内所公认的对于操作风险的最权威解释，并由国际清算银行下属的巴塞尔银行监管委员会写入《新巴塞尔协议》中。

根据中国银监会在《商业银行操作风险管理指引》中沿用的新巴塞尔协议中对于操作风险的定义，操作风险是指由不完善或有问题的内部程序、员工和信息科技系统，以及外部事件所造成损失的风险。本定义所指操作风险包括法律风险，但不包括策略风险和声誉风险。

但同时，通常情况下，操作风险往往是引发声誉风险的一个重要诱因，如某家银行发生员工内部舞弊案，客户资金被非法占用，该操作风险事件的曝光直接导致市场投资者对该银行的投资信心下降，该银行股价出现大幅下滑。该操作风险事件自身所导致的损失与股价下滑所导致的损失，两者之间的差额即为该银行的声誉风险损失额。

二、操作风险的特点

1. 来源广泛性

根据操作风险的定义，可以解读出操作风险的来源主要包括内部程序（process）、人员（people）、系统（system）、外部事件（external events）等四个方面，这四方面几乎覆盖了金融机构日常经营的全部领域（表4-1），经营上的每一个人、物、事均可以导致操作风险的发生，来源极其广泛。

表 4-1　操作风险来源

类　　型	案　　例
内部程序（process）	模型设计错误
人员（people）	人员欺诈、违反雇佣法、超授权行为、关键人员缺失、培训缺失、监督缺失
系统（system）	系统开发失败、系统内在缺陷、系统资源不足
外部事件（external events）	自然灾害、外部犯罪、黑客攻击、外部监管风险、政治风险、外部竞争、业务外包风险

2. 风险与收益的不对等性

相较于其他两大风险(信用风险、市场风险),操作风险很显著的一个特点就是:"高风险、高收益"这条黄金定律很难适用于操作风险。操作风险管控的目标不是带来收益,而是减少、杜绝损失。

3. 风险与业务规模和业务复杂度成一定的正相关性

业务规模大、产品创新度高、结构变化快的企业或部门,相对更易发生操作风险事件。

4. 损失较难定量

由于操作风险与其他两大风险存在边界容易模糊的情况,故对于损失类型的界定相对困难,同时不少损失事件即使被界定为操作风险范畴,但仍然较难清楚区分实际损失中有多少应归入操作风险损失范围,这种情况主要发生在一些由操作风险间接引起的损失,这些损失是否应当归为操作风险损失目前仍存在争议。此外,相较于信用风险和市场风险方面已经建立的相对成熟的对损失的评估模型及认定机制,操作风险目前在损失评估认定方面仍存在周期长、不确定性多等实际问题。同时,在量化模型及方法方面,新巴塞尔协议中提出了基本指标法、标准法、高级计量法三种主要的规范性计量方法,但总体而言目前操作风险的计量整体仍处于起步阶段,有待金融行业的不断总结、整理、改进。

三、操作风险的分类

操作风险根据风险的来源,可分为人员、系统、处理方式(流程)、外部事件,并按照发生的频率和损失大小,巴塞尔委员会将操作风险分为七类。

(1) 内部欺诈事件。指故意骗取、盗用财产或违反监管规章、法律或公司政策导致的损失事件,此类事件至少涉及内部一方,但不包括歧视及差别待遇事件。

(2) 外部欺诈事件。指第三方故意骗取、盗用、抢劫财产、伪造要件、攻击商业银行信息科技系统或逃避法律监管导致的损失事件。

(3) 就业制度和工作场所安全事件。指违反就业、健康或安全方面的法律或协议,个人工伤赔付或者因歧视及差别待遇导致的损失事件。

(4) 客户、产品和业务活动事件。指因未按有关规定造成未对特定客户履行分内义务(如诚信责任和适当性要求)或产品性质或设计缺陷导致的损失事件。

(5) 实物资产的损坏。指因自然灾害或其他事件(如恐怖袭击)导致实物资产丢失或毁坏的损失事件。

(6) 信息科技系统事件。指因信息科技系统生产运行、应用开发、安全管理以及由于软件产品、硬件设备、服务提供商等第三方因素,造成系统无法正常办理业务或系统速度异常所导致的损失事件。

(7) 执行、交割和流程管理事件。指因交易处理或流程管理失败,以及与交易对手方、外部供应商及销售商发生纠纷导致的损失事件(表4-2)。

表4-2 商业银行操作风险损失事件类型目录

1级目录	简要解释	2级目录	3级目录
内部欺诈	故意骗取、盗用财产或违反监管规章、法律或公司政策导致的损失,此类事件至少涉及内部一方,但不包括歧视及差别待遇事件	行为未经授权	故意隐瞒交易
			未经授权交易导致资金损失
			故意错误估价
			其他
		盗窃和欺诈	欺诈/信用欺诈/不实存款
			盗窃/勒索/挪用公款/抢劫
			盗用资产
			恶意损毁资产
			伪造
			支票欺诈
			走私
			窃取账户资金/假账/假冒开户人/等
			违规纳税/故意逃税
			贿赂/回扣
			内幕交易(不用本行的账户)
			其他
外部欺诈	第三方故意骗取、盗用财产或逃避法律导致的损失	盗窃和欺诈	盗窃/抢劫
			伪造
			支票欺诈
			其他
		系统安全性	黑客攻击损失
			窃取信息造成资金损失
			其他

续表

1级目录	简要解释	2级目录	3级目录
就业制度和工作场所安全事件	违反劳动合同法、就业、健康或安全方面的法规或协议，个人工伤赔付或者因歧视及差别待遇事件导致的损失	劳资关系	薪酬，福利，劳动合同终止后的安排
			有组织的工会行动
			其他
		环境安全性	一般性责任（滑倒和坠落等）
			违反员工健康及安全规定
			劳方索偿
			其他
		歧视及差别待遇事件	所有涉及歧视的事件
客户、产品和业务活动事件	因疏忽未对特定客户履行分内义务（如诚信责任和适当性要求）或产品性质或设计缺陷导致的损失	适当性，披露和诚信责任	违背诚信责任/违反规章制度
			适当性/披露问题（了解你的客户等）
			未尽向零售客户的信息披露义务
			泄露隐私
			强制推销
			为多收手续费反复操作客户账户
			保密信息使用不当
			贷款人责任
			其他
		不良的业务或市场行为	垄断
			不良交易/市场行为
			操纵市场
			内幕交易（用本行的账户）
			未经有效批准的业务活动
			洗钱
			其他
		产品瑕疵	产品缺陷（未经许可等）
			模型错误
			其他

续 表

1级目录	简要解释	2级目录	3级目录
客户、产品和业务活动事件	因疏忽未对特定客户履行分内义务（如诚信责任和适当性要求）或产品性质或设计缺陷导致的损失	客户选择，业务推介和风险暴露	未按规定审查客户信用
			对客户超风险限额
			其他
		咨询业务	咨询业务产生的纠纷
实物资产的损坏	实体资产因自然灾害或其他事件丢失或毁坏导致的损失	灾害和其他事件	自然灾害损失
			外力（恐怖袭击、故意破坏）造成的人员伤亡和损失
信息科技系统事件	业务中断或系统失灵导致的损失	信息系统	硬件
			软件
			网络与通信线路
			动力输送损耗/中断
			其他
执行、交割和流程管理事件	交易处理或流程管理失败和因交易对手方及外部销售商关系导致的损失	交易认定，执行和维护	错误传达信息
			数据录入、维护或登载错误
			超过最后期限或未履行义务
			模型/系统误操作
			账务处理错误/交易归属错误
			其他任务履行失误
			交割失误
			担保品管理失效
			交易相关数据维护
			其他
		监控和报告	未履行强制报告职责
			外部报告不准确导致损失
			其他
		招揽客户和文件记录	客户许可/免责声明缺失
			法律文件缺失/不完备
			其他

续 表

1级目录	简要解释	2级目录	3级目录
执行、交割和流程管理事件	交易处理或流程管理失败和因交易对手方及外部销售商关系导致的损失	个人/企业客户账户管理	未经批准登录账户
			客户信息记录错误导致损失
			因疏忽导致客户资产损坏
			其他
		交易对手方	与同业交易处理不当
			与同业交易对手方的争议
			其他
		外部销售商和供应商	外包
			与外部销售商的纠纷
			其他

资料来源:《商业银行资本管理办法》(试行)。

除此之外,行业中对操作风险的分类,接受度比较高的分类还包括以下几类。

(1) 按损失的来源分类:内部原因造成的损失、外部原因造成的损失。

内部原因造成的损失主要由内部程序(process)、人员(people)和系统(system)的不完备或失效所引起的,如员工欺诈、舞弊、超授权工作等。而外部原因造成的损失则对应外部事件(external events),如供水、火灾、外部人员盗窃、黑客攻击等。相对而言,许多内部原因的损失是可以通过改善内部管理来进行预防和补救的。而外部原因的损失在短期内仍是较难靠自身来预防的,需要借助于外部措施进行风险预防和控制,包括保险、套期保值等。

(2) 按损失的影响分类:直接损失、间接损失。

(3) 按预期的程度分类:预期损失、非预期损失。

四、操作风险的损失形态

(1) 法律成本。指由操作风险事件所引发的法律诉讼或仲裁的过程中依法支出的诉讼费用、仲裁费用及其他法律成本,其中的其他法律成本如律师费、评估费、鉴定费等。

(2) 罚没损失。指由操作风险事件所遭受的来自监管部门或相关权力机构的罚款及其他处罚。

（3）资产损失。指由于疏忽、事故或自然灾害等事件造成实物资产的直接毁坏和价值的减少。

（4）对外赔偿损失。指由于操作风险事件导致企业未能按约定履约责任义务所需相应承担的对外赔偿。

（5）追索失败。指由于工作失误、失职等内部原因，使原本能够追偿但最终无法追偿所导致的损失，或因有关方不履行相应义务导致追索失败所造成的损失。

（6）账面减值损失。指由于偷盗、欺诈、未经授权活动等操作风险事件所导致的资产账面价值直接减少。

（7）其他损失。由于操作风险事件引发的其他损失。

第二节　银行操作风险的管理

一、银行操作风险管理现状

根据国外银行操作风险管理的发展实践，商业银行操作风险管理大致可分为五个发展阶段。

（1）传统阶段：该阶段的特征主要包括内部控制、内部审计、分立的风险控制项目、依靠员工素质和企业文化约束；

（2）认知阶段：该阶段的特征主要包括设置操作风险管理人职位、操作风险管理的组织机构设置、定义操作风险、制定风险管理政策；

（3）监控阶段：该阶段的特征主要包括制定操作风险管理目标和统一的监控指标、风险限额控制和风险临界指标分析、风险管理报告、员工风险管理培训；

（4）量化阶段：该阶段的特征主要包括建立完整的操作风险损失数据库、制定量化管理目标、风险预测分析和警戒指标、建立以操作风险为基础资本配置模型；

（5）整合阶段：该阶段的特征主要包括系统化的风险度量和管理工具、跨部门的风险分析、建立风险指标和损失之间的相关性、基于风险分析和资本实力考虑的保险策略、风险调整的收益。

目前许多发达国家的商业银行在操作风险管理方面已发展到量化阶段和整

合阶段,采用量化工具对操作风险进行计量和资本分配,以及将量化结果整合应用于日常风险管理中。

而相对而言,国内商业银行目前在操作风险管理方面的脚步较为缓慢,除了2014年4月银监会首批批准的工、农、中、建、交、招商六家商业银行已开始使用标准法来计量操作风险资本以及开始使用关键风险指标等操作风险管理工具对操作风险进行监控外,其余国内银行大多处于认知和监控阶段,在原有内控管理基础上提出操作风险管理概念,以及逐步设置相应的操作风险岗位,定性对操作风险进行识别和认知。

二、新巴塞尔协议下的操作风险管理

(一) 新巴塞尔协议中的管理要求

谈到操作风险的管理,就不得不提及新巴塞尔协议中对于操作风险的管理要求。作为当前全球银行业的风险管理圣经,新巴塞尔协议的内容仍然是目前最权威也是最具实践价值的风险管理理念和措施之一。

在新巴塞尔协议的三大支柱中,均对操作风险提出了明确的管控要求。

(1) 在第一支柱最低资本要求中,明确提出要将操作风险纳入资本充足率计算口径,并要求监管者以严格标准确定银行计量操作风险监管资本的方法并监管其操作风险资本的配置过程,以及提出了之前提到的三种操作风险资本要求的计量办法,即基本指标法、标准法、高级计量法。

(2) 在第二支柱对资本充足率的监管中,明确要求对于操作风险的管理应比照其他重大银行业风险的管理来严格执行,并要求银行开发出管理操作风险的框架,通过该框架来评价资本充足率。

(3) 在第三支柱市场纪律中,对操作风险的管理提出了定性和定量的披露要求,要求银行须披露其风险管理的目标和政策,包括战略及流程、相关风险管理职能的组织架构、风险报告及衡量体系的范围及性质、风险规避/缓释的政策以及监控规避/缓释有效性的策略和流程。

(二) 操作风险计量工具

根据新巴塞尔协议精神,银监会在《商业银行资本管理办法》(试行)中提出了三种计量操作风险的方法,包括基本指标法、标准法、高级计量法。

1. 基本指标法

基本指标法以总收入为基础计量操作风险资本要求,其中总收入为净利息

收入与净非利息收入之和,适用于操作风险较低的银行,其计量公式如下:

$$K_{BIA} = \frac{\sum_{i=1}^{n}(GI_i \times \alpha)}{n}$$

其中:

K_{BIA} 为按基本指标法计量的操作风险资本要求。

GI 为过去三年中每年正的总收入。

n 为过去三年中总收入为正的年数。

α 为 15%。

2. 标准法

标准法以各业务条线的总收入为基础计量操作风险资本要求,将全部业务划分为公司金融、交易和销售、零售银行、商业银行、支付和清算、代理服务、资产管理、零售经纪、其他业务等 9 个业务条线,按照以下公式计量操作风险资本要求:

$$K_{TSA} = \left\{ \sum_{i=1}^{3} \text{Max}\left[\sum_{i=1}^{9}(GI_i \times \beta_i), 0 \right] \right\} / 3$$

其中:

K_{TSA} 为按标准法计量的操作风险资本要求。

$\text{Max}\left[\sum_{i=1}^{9}(GI_i \times \beta_i), 0 \right]$ 是指各年为正的操作风险资本要求。

GI_i 为各业务条线总收入。

β_i 为各业务条线的操作风险资本系数(零售银行、资产管理、零售经纪业务条线的操作风险资本系数为 12%;商业银行、代理服务业务条线的操作风险资本系数为 15%;公司金融、支付和清算、交易和销售、其他业务条线的操作风险资本系数为 18%)。

标准法同样适用于操作风险较低的银行,同时,相较于基本指标法,标准法对于银行的要求更高,要求银行管理操作风险的体系需符合巴塞尔协议中所提出的各项最低标准。

3. 高级计量法

高级计量法可根据业务性质、规模和产品复杂程度以及风险管理水平选择操作风险计量模型,模型应当基于内部损失数据、外部损失数据、情景分析、业务经营环境和内部控制因素而建立,建立模型使用的内部损失数据应充分反映其操作风险的实际情况。

高级计量法适用于业务活跃、专业性强、操作风险较大的银行,允许银行使用自己的操作风险内部损失数据、外部损失数据、情境分析以及定性指标等开发自身的操作风险模型以计量操作风险资本要求。

(三) 操作风险管理工具

目前,操作风险管理的三大工具包括风险控制自我评估与控制(RCSA)、关键风险指标(KRI)、损失数据收集(LDC)。其中:

风险控制自我评估与控制(RCSA)是识别和评估潜在操作风险以及自身业务活动的控制措施、适当程度及有效性的操作风险管理工具。

关键风险指标(KRI)是指代表某一风险领域变化情况并可定期监控的统计指标。关键风险指标可用于监测可能造成损失事件的各项风险及控制措施,并作为反映风险变化情况的早期预警指标,具体指标例如:每亿元资产损失率、每万人案件发生率、百万元以上案件发生比率、超过一定期限尚未确认的交易数量、失败交易占总交易数量的比例、员工流动率、客户投诉次数、错误和遗漏的频率以及严重程度等。

(四) 我国银行业推进新巴塞尔协议下操作风险管理的进程和难点

在新巴塞尔协议问世后,中国银监会于2007年发布了《中国银行业实施新资本协议指导意见》,明确了我国银行业实施新巴塞尔协议的方向,结合我国国情,提出了操作风险管理以标准法为基础、高级计量法为目标的实施路径。

《中国银行业实施新资本协议指导意见》发布后,国内各主要大型商业银行均开始根据相关指引构建操作风险管理框架、建立日常操作风险管理体系、开发或购买操作风险管理信息系统,以及根据自身业务特点开发了操作风险管理的三大工具(RCSA,KRI,LDC)等。2014年4月银监会已首批核准了工、农、中、建、交、招商六家商业银行实施资本管理高级方法,其中核准的操作风险计量方法为标准法。

目前,我国银行业在操作风险管理方面推进新巴塞尔协议的难点主要包括以下方面。

1. 治理架构和风险管理理念方面

相较于信用风险和市场风险,操作风险在整个风险管理体系中仍属于起步晚、发展缓的状态,管理经验有待积累,尚无适合我国国情的成熟体系可以直接用来学习和应用,目前我国对于欧美商业银行的经验借鉴也主要集中于一些标准化的流程和工具的开发应用。

此外,在理念方面,我国银行业往往存在重事后惩罚、轻事前管理,重高层教育、轻基层普及等问题,故也导致我国目前的操作风险管理仍处于较初级阶段。

2. 信息系统方面

在当今世界,银行业乃至整个金融业的发展均离不开 IT 业的支持,操作风险的管理体系也极大程度上依赖于信息系统的完善。而目前我国的商业银行中,大型商业银行普遍存在机构分布广、地区差异大、系统集中程度较低等基础问题,要建设相对集中化的操作风险管理系统将会面临更多的挑战。

3. 数据来源方面

2014 年 4 月首批核准实施资本管理高级方法的 6 家商业银行,在操作风险计量方法上均通过的是标准法,考虑到我国大型商业银行的业务特点及资产规模,向更精细化的高级计量方法过渡是较为明确的未来发展方向,但目前较为突出的问题是来自历史损失数据不足,并且由于之前缺乏对操作风险的一致定义,导致现有的历史数据也存在标准不统一等问题,故数据质量仍不足以支撑成熟的模型开发。另一个更为突出的问题是,高级计量法需要使用同业间的外部数据,但是我国目前尚未建立一个交流或共享操作风险损失数据的机制和平台,这也将不利于我国商业银行有针对性地建立一套适合中国商业银行现实状况的操作风险管理模型。

第三节 商业保理公司操作风险的管理

一、商业保理公司操作风险管理现状

商业保理,在国内作为一个新兴行业,目前在操作风险管理方面仍显稚嫩,大多数的商业保理公司目前仍处于相当于商业银行操作风险管理的第一个发展阶段——传统阶段,且主要问题较为突出。

(1) 操作风险管理架构不健全,还没有形成完善的、垂直的风险管理体系,没有设立专门的风险管理委员会对操作风险进行统筹管理,没有构建起全方位的操作风险管理架构,缺乏有效的操作风险管理战略和政策,高层管理人员对企业自身操作风险状况也缺乏认知等。此外，企业内部的操作风险管理职责尚未有效分工、统一协调，导致操作风险管理出现职责重叠或职责不明的情况，出现管理混乱或者管理真空的局面。

（2）内控建设缺乏系统性与前瞻性。大多数的商业保理公司目前仍处于内部制度的初建阶段，管理制度及办法的大量缺失、内控体系建立经验的缺乏，导致内控建设上出现难以避免的头痛医头脚痛医脚的无序现象，缺乏系统性和前瞻性。

（3）缺乏信息化、电子化管理工具。国外先进金融机构在业务运作中大多采用电子化方式，以减少人为因素引发操作风险的可能。而目前在商业保理领域，大多数企业尚未开发适合保理业务特点的业务管理系统以及其他相关管理系统，导致管理低效并易触发操作风险。

（4）对操作风险的认知和识别不够全面和准确。相较于商业银行，商业保理行业在对操作风险的总结和分类方面的建设更显苍白，目前商业保理行业仍主要通过借鉴和学习银行操作风险管理理念以及管理方法来进行管理，缺乏成熟的体系来指导商业保理公司对操作风险进行有效的认知和识别，仍有赖商业保理行业通过自身的不断摸索以及对已发生的操作风险事件的总结反思来不断完善体系建设。

二、商业保理公司在操作风险管理初级阶段的管理建议

（一）健全操作风险组织架构

一个健全有效的操作风险组织架构，有利于相关政策制度的传递与执行，有利于操作风险管理工作的开展。

首先，保理公司管理层应当对操作风险的重要性有足够的认识，把操作风险管理纳入企业战略规划的范畴，同时管理层也应持续提升风险管理水平，站在企业战略角度对操作风险防范进行管理。

其次，应明确企业内各部门的操作风险管理职责，切实发挥公司治理在操作风险管理中的作用，并对操作风险管理进行有序切分，建立以某一部门分别牵头负责、其他部门参与配合的操作风险管理体系以及内部协调机制，确保操作风险有效可控。

（二）加强全面风险管理建设

商业保理公司应借鉴银行系统的做法，建设健全全面风险管理组织架构，逐

步设立专门的部门和岗位来对操作风险进行独立管理,真正把操作风险管理纳入到全面风险管理当中,并通过对于制度的完善,将公司内部的各项业务操作和管理操作流程化、标准化、精细化,明确各个岗位在流程中的操作要求,有效揭示风险点以及管控措施,让各个岗位的员工做到知其然也知其所以然,充分参与到全面风险管理体系中来。

(三)加强创新风险管理

这里所指的创新,包括产品的创新、模式的创新、流程的创新等多方面创新,创新能力可为企业带来持续的经营活力和竞争力,但同时创新行为也更容易引发操作风险。银行业损失数据收集信息也显示出,产品创新较快的部门发生操作风险事件的概率普遍要高于传统产品部门。

对于商业保理公司而言,由于行业发展时间短,故在产品、流程、制度等方面的管理均远未成熟,虽然保理产品在银行业的发展已成一定的体系,可为商业保理行业提供一定的理论及实践支持,但不可否认,商业保理作为一个独立的子行业,在经营上及管理上有其特殊性,不能简单地生搬硬套。在对待创新的过程中,商业保理公司应秉承严谨的方针理念,按照设计、论证、试行、评估、改进的流程,循序渐进,在正式施行后,也应继续保持后续的跟踪、评估、改进,不断进行完善,以强化操作风险管理。

(四)加强企业内部风险文化建设

由于操作风险的发生范围覆盖了企业经营的各个方面,因此商业保理公司对于操作风险的管理也应贯彻到企业的每个流程以及岗位上,在建立制度管控的基础上,进一步注重对于风险管理文化的培育,培育员工主动防范风险的意识,通过培训、讨论、考核等方式宣传风险文化,逐步形成防范操作风险的管理文化,实现从被动式、防御性的操作风险控制向主动式、预警性的操作风险管理转变。

此外,加强风险文化建设的另一重要方面,是努力提高业务及管理人员的素质,包括品德素质以及技能素质等。人员素质的提高,也能保证风险管理文化的有效植入、保障内控制度的有效运行。

(五)合理使用审计手段

银行业的管理实践证明,审计制度是较为有效地减少或避免操作风险的手段之一。合理使用内部审计以及外部审计,帮助企业不断寻找、揭示其在产品及流程上的不足、管理制度上的缺陷等,完善企业的内部控制体系,从而降低操作风险的发生概率。

(六) 加强企业信息化建设

在信息技术高速发展的今天,通过信息系统来管理企业运营,已成为企业发展的大势所趋。完善的企业内部管理系统,有助于规范企业员工的操作习惯,保障流程操作的有序性和完整性,切实提高企业的操作风险管理水平。

第四节　操作风险案例解析

操作风险在金融行业的发展史中已经给世人留下了许多惨痛的回忆和教训,其中最为大家熟知的操作风险案如下。

一、巴林银行倒闭(内审疏忽)

1995年2月27日,巴林银行,这家拥有233年经营历史的英国皇家银行突然宣布倒闭,这一消息震惊了全球金融界。

这次事件的罪魁祸首就是被国际金融界称为"天才交易员"的尼克里森,其曾任巴林银行驻新加坡巴林期货公司总经理、首席交易员。1994年下半年,里森认为,日本经济开始走出衰退,股市将会有大涨。于是大量买进日经225指数期货合约和看涨期权。1995年1月16日,日本关西大地震,股市暴跌,里森所持多头头寸遭受重创,损失高达2.1亿英镑。虽然损失惨重,但是还远远不足以撼动巴林银行,真正毁灭巴林银行的是里森的"赌徒"心态。顶着"天才交易员"的称号的里森为了反败为胜,再次大量补仓日经225期货合约和利率期货合约,头寸总量达十几万手。2月24日,日经指数再次加速暴跌,里森所在的巴林期货公司的头寸损失,已接近整个巴林银行集团资本和储备之和。无融资渠道,无法挽回亏损,里森畏罪潜逃。巴林银行危在旦夕,只好求助于英格兰银行,但其当时损失已达14亿美元,并且还在不断增加,各金融机构无人敢救,巴林银行倒闭。

尼克里森的失误直接导致了巴林银行的倒闭,但是一个职员就能把一老牌银行搞倒闭,说明巴林银行自身一定存在着严重的问题。银行界对巴林银行倒闭的原因已达成共识:巴林银行内部管理体系混乱,内审不过关,无法控制内部风险。具体有以下几方面的表现。

(1) 尼克里森既是清算部负责人,又是交易部负责人,导致风控系统无法独立进行审计,纵容了尼克里森的"疯狂"。另外,巴林银行管理层也缺乏足够的风险管控意识,一味迷信"天才交易员",在尼克里森因关西大地震造成巨额亏损后,仍为其提供巨额资金补仓,造成了更大的损失。

(2) 认不清自身能力,只追求业务,忽略风险控制。尼克里森的投资品种是金融衍生品,具有高风险高收益的特征,巴林银行没有认清自己是否具有控制风险的能力,被利益冲昏头脑,过度从事期货投资交易,迷信交易员个人能力,最终被高杠杆压垮。

总之,巴林银行的倒闭看起来像是因为个人的越权行为所致,实际上,巴林银行事件反映出现代跨国银行管理和内部控制体制的缺陷。

二、安然财务造假事件(外部审计纵容)

如果说巴林银行因对内控系统的不重视而倒闭还是值得惋惜和同情的,那么安然因财务造假破产真可谓是罪有应得!安然公司成立于1985年,在成立后的15年内创造了一个又一个的商业神话,其每一个发展战略都成为商学院教学的经典案例。从1990年到2000年的10年中,安然的销售收入从59亿美元飙升至1 008亿美元,净利润从2.02亿美元上升至9.79亿美元,它的如此辉煌的经营业绩吸引了投资界最多的目光。正是因为安然辉煌的业绩,安然的破产影响极为深远。不仅使大批投资者血本无归,严重了打击美国甚至全球股市,还牵连出更多财务造假,更直接导致了安达信的解体。

1. 安然事件回顾

2001年10月16日,安然公布其第三季度财务状况,宣布公司亏损总计达到6.18亿美元,这一披露成为整个事件的导火索。2001年10月22日,The Street.com发表文章披露:安然与另外两个关联信托基金存在复杂交易,以此举债34亿美元,从未在财务报告中披露。同日,美国证券交易委员会要求安然主动提交某些交易细节内容,并于10月31日开始对安然进行调查。至此,安然事件爆发。在各方面压力下,2001年11月8日,安然承认财务造假,在1997年到2001年间共虚报利润5.86亿美元,并未将巨额债务入账。安然股价大跌,再加上期货投资失误和评级机构的大幅调低评级,安然市值由800亿美元峰值跌至2亿美元。2001年12月2日,安然正式申请破产保护,成为当时美国历史上最大的破产企业。

2. 安然造假手段

财务造假的目的一般都有两个:隐藏债务、虚增利润,安然也不例外。安然利用资本重组，形成庞大而复杂的企业组织，通过错综复杂的关联交易虚构利润，利用财务制度的漏洞来隐藏债务。经过安然的精心策划，安然通过层层控股的方式，以较少的资本控制着庞大的企业网络，低层级的公司完全沦为安然上市公司的财务处理工具，所有的利润都集中表现在上市公司的报表上，而所有的债券却通过各个不同层次的公司化整为零，分散隐藏。复杂的公司结构和财务结构一般投资者完全看不懂，甚至华尔街的证券分析师也看不出其中漏洞，安然的造假环环相扣、无懈可击，很难发现，但是一旦某一环出现问题，整个链条就会中断，造假就会全面暴露。

3. 安然造假如何躲过监管

正如安然公司所承认的：安然从1997年起就开始了财务造假，对于一个业绩飙升的企业，投资者以及监管层肯定会对其财务状况进行仔细的研究，而安然的这项长达4年的财务造假活动却没有被监管层发现。原因主要有两个方面。

（1）正如在上部分所说，安然公司的造假手段十分高明，资深的分析师都不能完全搞明白，再加上安然一贯的优良业绩表现，投资者和监管层也就想当然的认为安然出色的市场表现是因为其经营状况好，忽略其造假的可能。

（2）安然审计机构安达信纵容甚至可能是配合了安然的造假。安达信公司成立于1913年，是五大会计师事务所之一，成立以来一直被公认为同行业的"最佳精英"。从安然成立之日起，安达信便开始担任安然的内部审计工作。20世纪90年代中期，安达信与安然签署了一项补充协议，开始承担安然的内审工作。随后，安达信还负责了安然公司的咨询业务。紧接着，安达信的前合伙人开始到安然财务部门主持工作，安然的许多高级管理人也来自安达信。很明显，安达信与安然之间有太多共同利益关系，安达信作为外部审计机构的独立性受到严重干扰，很难保证其能为公众提供公平的审计报告。一方面，安达信的不作为纵容了安然的造假行为；另一方面，我们有理由相信安达信的审计专家们到安然任职，正是帮助安然设计了复杂的造假工具，独立审计机构没有发挥监督作用，反而成为帮凶。当然，伴随安然造假丑闻的揭露，安达信也开始解体。

三、万事达信用卡客户信息泄露事件（外包风险，严格监控机制）

2005年6月17日美国最大信用卡公司之一的万事达公司宣布，一个中间业务公司的安全漏洞导致万事达公司1 390万用户的银行资料泄露，算上其他种类信用卡用户在内，这次泄密事件波及的卡民多达4 000万人。最先发现泄密问题的是万事达信用卡国际公司的安全专家。他们在追踪一系列盗用信用卡进行金融欺诈的案件时发现，漏洞都指向位于亚利桑那州的信用卡系统解决方案公司。这家公司专门替银行和商家处理信用卡和其他支付方式的业务，其客户包括万事达公司，以及其他一些美国主要的信用卡公司。

外包服务是经济发展的必然结果，合适的外包不仅提高效率、节约成本，还可以提供更加专业化的服务。银行将信用卡信息处理服务外包一方面可以减少成本，获得专业化数据服务；另一方面，可以更加专注核心业务，提高竞争力。因此，目前国际上大多数的商业银行和金融机构都选择将这部分服务性业务外包出去。

然而，将业务外包也就意味着失去对业务的掌控权，由于外包双方存在信息上的不对称，不可避免地会出现风险。只有建立严格的持续风险监控机制，才能把风险控制在合适范围内，减少意外损失。

风险监控机制分为两个部分：首先，应建立外包服务商筛选的标准，识别服务商能力，保证服务商服务的质量能达到要求。其次，还要对服务商的服务进行持续的监控反馈。服务商出于自己的利益考虑，在得到外包项目后，极有可能会为了减少成本，降低服务质量，暴露风险。持续的风险监控就要保证及时发现服务质量的变动，与服务商沟通，确保服务质量，控制风险。最后，监控机制要保证与服务商能及时交流信息，对于已发生的外包服务进行评价，及时更新业务要求，配合服务商，保证系统的升级。

 复习思考题

1. 操作风险的分类有哪些？
2. 操作风险的管理工具目前主要有哪些？

第五章

流动性风险管理

本章概要
- 流动性风险的概述
- 流动性风险的影响
- 流动性缝隙的管理
- 流动性风险案例解析

流动性管理问题是商业保理公司各项管理工作的重点和难点之一,若解决不当,即刻会引发流动性风险,从而形成一系列风险的发生。基于审慎管理的原则,加强内部流动性风险管理,拓展流动性风险管理的研究空间,将有助于构建起商业保理公司流动性风险管理体系,对规避金融体系内的各项风险有着深远的意义。

第一节 流动性风险的概述

一、流动性风险的含义

根据巴塞尔银行监管委员会的定义,流动性风险是指无力为负债的减少或资产的增加提供融资而造成损失或者破产的风险,即当某金融机构出现流动性不足的问题,无法以合理的成本迅速增加负债或者变现资产获得足够的资金,从而影响其盈利水平。流动性的极度不足还会导致金融机构的资不抵债,可以由流动性冲击直接导致,或间接的由市场冲击、信用冲击、操作冲击等其他风险事件导致。与市场风险、信用风险和操作风险等风险相比较,金融机构流动性风险形成的原因更加复杂和广泛,通常被视为一种综合性风险,且为金融机构风险管理的重中之重。

流动性风险包括资产流动性风险、负债流动性风险以及资产与负债综合流动性风险。资产流动性风险是指资产到期不能如期足额收回和不能以合理的市场价格将资金变现,进而无法满足负债的偿还和其他融资需要,从而带来的风险。负债流动性风险是指负债由于内外因素的变化而发生不规则波动和不能获得融资的途径,从而产生引发相关损失的风险。在实际情况下,资产流动性和负债流动风险往往同时存在,可以称其为资产和负债综合流动性风险。按风险因素又可将流动性风险划分为内生流动性风险和外生流动性风险。内生流动性风险是指金融机构面临的与自身因素有关的流动性风险,是部分可控的。外生流动性风险是指由于金融风险因素的外部冲击而产生的流动性不确定性,是整个市场共同面临的风险,属于系统性风险,不易控制。

流动性风险又可分为流动性过剩风险和流动性不足风险。在实践中,人们更为关注的是因流动性不足而引发的风险,而流动性不足给商业保理公司带来的损失可能是致命的。流动性过剩风险将导致商业保理公司盈利能力下降,资本投资回报减少等风险。

二、商业保理公司流动性风险管理的含义

商业保理公司流动性风险是指商业保理公司无法以合理价格变现资产或以合理成本及时获得充足资金,以应对资产增长或支付到期债务,从而可能损害其清偿能力的风险。

商业保理公司的流动性管理包括流动性供应管理和流动性需求管理,主要体现在资产和负债两个方面。资产的流动性风险是指商业保理公司持有的应收账款不能够在不贬值的条件下随时得以偿付,用以满足到期负债的偿还和新的合理贷款及其他融资需要,从而给商业保理公司带来损失的风险。负债的流动性风险是指商业保理公司由于内外因素的变化而发生不规则波动,不能以较低的成本随时筹措所需要的资金,导致无法按时偿付所筹集的融资资金,由此给商

业保理公司带来损失的风险。

商业保理公司的流动性风险具体可表现为：再融资风险、偿还期风险和提前支取风险等。其中,再融资风险是由资产与负债期限结构不相匹配引起的。偿还期风险主要是由借款资金延期偿还引起的。提前支取风险是指信贷额度的非预期使用。一家经营正常的商业保理公司,利率的波动、资产和负债的不匹配都是流动性风险的诱因。流动性风险则可能由经营风险、信用风险、市场风险、操作风险等一系列原因引发。保持正常的流动性是商业保理公司生存和发展的前提,流动性风险管理构成商业保理公司经营管理的重要内容。商业保理公司流动性风险管理是指在经营过程中运用各种风险管理技术和方法、识别、计量、检测和控制流动性风险,确保经营安全,进而实现以最小成本获取尽可能大收益的行为总和。

第二节 流动性风险的影响

一、影响商业保理公司流动性风险管理的内生性因素

商业保理公司资金负债结构不匹配是影响流动性风险管理的最主要最为直接的因素。一方面是资产负债期限结构不匹配,期限错配是商业保理公司的内在特征,即将一定期限的负债配置超过负债期限的资产。期限错配虽然可以提高资金使用效率,但也使商业保理公司面临流动性压力。商业保理公司的主要资产包括现金、存款、应收账款、有价证券等。负债主要有贷款、应付票据等。在资产方面,现金具有较高的流动性,对其持有比重过低,会直接引起对外支付困难,增加流动性风险。存款的期限和稳定性对流动性风险影响很大。应收账款为最主要资产,到期日分布对流动性风险影响较大。短期证券投资可以增加商业保理公司的资产配置,若具有较强的市场变现能力,可以增加商业保理公司的流动性。在负债方面,商业保理公司的主要资金来源信贷投放为主,若贷款期限比例占不合理,资产负债在期限结构上安排不合理,很有可能引发流动性风险。

另一方面是资产与负债的规模不匹配,两者总量的对应关系也将影响流动性风险管理。如果商业保理公司在无法保证获得稳定资金的前提下,把大量的短期资金来源用于长期应收账款项目投放,盲目扩大资产规模,超过了合理的资

产负债比,就会增加发生流动性危机的可能性。流动性风险管理的实质就是通过对其资产和负债流动性的有限管理,促使其资产负债结构总体合理配置,使流动性风险控制在商业保理公司可以承受的范围内。

二、影响商业保理公司流动性风险管理的外生性因素

(一)中央银行货币政策的影响因素

中央银行的货币政策,具有传导作用,商业保理公司作为资金运作方,主要资金来源为银行,其资金来源与运用同样也会受到货币政策的影响。

(二)非银行融资渠道发展水平的影响因素

非银行融资渠道的发展状况与商业保理公司流动性存在着显著的相关性。非银行融资渠道发展水平将影响商业保理公司的对外融资能力,获得流动性渠道的能力,从而影响商业保理公司的流动性风险管理能力。畅通的非银行融资渠道会增加商业保理公司资产和负债两方面的流动性,便利商业保理公司的流动性风险管理。随着互联网金融的发展,融资渠道越多,商业保理公司可运用的流动性管理工具也就越多,风险控制能力也会随之提升。如火如荼的P2P市场打破了原来融资渠道单一的现象,这为商业保理公司提高主动负债能力,获得流动性开辟了新途径。而非银行融资渠道不完善将制约商业保理公司获得流动性的渠道,致使商业保理公司不能自主地进行资产与负债结构的多样化组合,管理空间较为狭窄,增加了商业保理公司流动性风险管理的难度。目前,应收账款资产还是作为商业保理公司的主营资产,应收账款资产若能有效方便地进行转让,将大大提高商业保理公司的资产流动性能力。

第三节 流动性风险的管理

一、健全内部控制和有效的监督机制

(一)健全管理制度和构建组织架构

组织系统的构建是商业保理公司进行流动性风险管理的前提。从风险管理组织架构的完整性考虑,建议明确董事会、高级管理层、风险管理部门、内部审计部门以及其他业务与管理部门在实施流动性风险管理中的职责,合并计划财务

部与会计结算部,设立统一的资金管理部门,并在董事会下设立风险管理专业委员会作为公司流动性风险的最高管理决策机构。风险管理专业委员会的主要职责为审核批准公司流动性风险承受能力、流动性风险管理策略、重要的政策、程序、制度、流动性风险限额和流动性风险应急处理方案等。同时,在风险管理专业委员会中派一名独立董事,发挥其专业优势。从而形成一个高效、完整的风险管理组织体系。

业务开展制度为先,建议完善商业保理公司的流动性风险管理制度,通过制度规范流动性风险管理的内容、要求和流动性风险管理的控制操作流程,以及提高处理重大突发事件的能力,制定流动性风险管理的相关标准,可增加《流动性风险管理细则》《流动性风险应急管理细则》等专项制度。制度应详细规定各部门责任,明确职责权限,流动性风险管理政策、策略、程序和方法等,使流动性风险管理的制度体系更为完善。

(二)完善信息系统功能建设

流动性风险管理的有效性,要依靠一个能通畅传输、加工分析的信息系统来支持,因此建立一个高效运作的流动性风险管理系统也是必不可少的。商业保理公司应逐步建立涵盖流动性风险管理基本流程的风险管理信息系统。建设业务信息系统时,应考虑风险识别、计量、监测、控制的要求,在业务系统中融入风险管理的要素;应将关键风险指标嵌入业务信息系统,实现与业务信息系统的有效对接;实现风险指标监测功能,反映风险等级与变动情况,对超过预警值的风险进行预警。建议在现有业务信息系统基础上建立包括有数据库、中间数据处理器和数据分析层三部分组成的流动性风险管理模块。数据库为现有信息系统内收集到的用于流动性管理的原始数据信息。中间数据处理器对数据库信息进行分类,通过系统内设置的公式程序进行数据加工处理。数据分析层为数据处理的最高阶段,根据流动性管理的监测、统计、预警等需要从数据库中抽取信息进行分析。在信息系统中建立流动性预警机制、具备实时监测的技术手段。风控模块在相关功能中实现定量指标监控、定性分析等功能,能够实时计算流动性比率、存贷比、超额备付率等指标,提供指标查询和流动性缺口分析等功能,并有超预警自动短信提供功能。通过完善的信息系统高效、准确地传递流动性风险信息,及时发现流动性风险,可避免或者减少流动性风险对商业保理公司的影响。

(三)建立有效的应急预案

建立流动性风险应急预案,提高避险能力,对可能发生的全局或局部流动性风险,要有完善的处置预案,一旦在某个部位出现风险,在限定时间内采取有效的措施进行补救,尽量把风险控制在最小范围内。商业保理公司应成立流动性风险事件应急工作领导小组,并根据自身业务规模、复杂程度、风险水平等指标制订应急计划,计划应涵盖商业保理公司流动性发生临时和长期危机的情况。当发生突发流动性风险事件后,领导小组应立即启动资金应预案措施,按先自我救助、再同业救助的顺序进行多种救助。自我救助的主要措施有调整资产组合、控制投放、提前收回等。同业救助主要通过卖出持有的应收账款资产等。应急预案的有效性应增加备用流动性的来源,往往包括与合作银行签订法人账户透支协议,确保在结算平台发生支付危机的当天动用透支额度应对支付;申请增加银行的授信额度,以便在支付危机出现时进行临时头寸的调整。避免因为客户大量资金的流出需求,交易对手发生违约的信用风险和非预期的大量短期投资损失的市场风险等紧急情况引起商业保理公司遭受巨大的流动性风险的情况发生。

二、建立合理的流动性风险管理体系

(一) 流动性风险的识别

除了目前通过非现场监管报告的填报,以财务数据和业务数据进行流动性风险识别外,建议商业保理公司从一段时间内的流动性供给和流动性需求预测出发,进行流动性的动态识别。流动性需求的预测,主要是新增的贷款需求,其次是偿还负债等流动性需求变化。流动性供给的预测,主要包括已发放贷款的偿还、从货币市场融资等,并将预测频率由周管理提高至日管理,加强动态监测能力。如果净流动性头寸为负时,说明存在流动性不足,这时必须设法弥补缺口。流动性风险的识别必须建立在即期和预期、存量和流量双重分析的基础上。

(二) 流动性风险的计量

建议商业保理公司尝试借鉴国内外先进的风险管理技术,根据业务规模、性质、复杂程度及风险状况,采取科学的预测和度量方法,运用包括现金流分析法、缺口分析法、流动性比例法、压力测试等在内的一系列方法和模型,对资产、负债和表外项目的未来现金流进行全面分析,前瞻性地分析评估未来流动性状况。计量程序包括日常计量和定期计量,在运用上述方法和模型时应当使用审慎合理的假设前提,经常盘点流动性工具,定期对各项假设前提进行评估,根据需要进行修正,并保留书面记录。

(三) 流动性风险的监测

建议商业保理公司逐步建立起一套科学实用的流动性预警界定监测指标体系,以便在日常业务管理中准确的监测流动性风险,一旦发现风险达到警戒线就及时发出预警。根据实际情况,设立流动性比例、存贷款比例、核心负债依存度、流动性缺口率等多项流动性风险指标。商业保理公司应实时监控各种关键的定量风险指标变化情况和掌握定性风险指标的因素变化,及时监测,及时报告,排除各种显性或者隐性的风险隐患。

(四) 流动性风险的控制

有效的流动性风险管理应具备良好的内部控制环境,并根据业务发展和市场变化适时更新有关政策和程序。商业保理公司应把流动性风险的控制纳入科学化、规范化和程序化的轨道,逐步形成新型的流动性风险管理运行机制和流动性安全保障机制。通过流动性风险的总体控制,确保流动性风险管理程序的完整和有效。建议商业保理公司按日、周、季评估公司流动性风险水平及管理状况,并同时报送总经理办公会和风险管理专业委员会。设置不同等级流动性报警指标,制定分级汇报权限及制度,一旦发现风险达到警戒线就及时发出预警,在日常业务管理中层层监控。

三、有效利用资产负债综合管理方法

(一) 改善资产负债结构,提高资产质量

商业保理公司应关注资产负债期限结构,避免持有期缺口过大导致的流动性风险;同时关注因利率等外部市场因素变化所导致的资产负债期限结构变化,加强资金头寸管理。始终确保资产和负债保持一种流动性状态,当流动性需求增加时,通过变卖短期债券或从市场上借入短期资金增加流动性供给;当流动性需求减少、出现多余头寸时,又可投资于短期金融工具,获取盈利,为商业保理公司流动性管理创造市场环境。

1. 建立贷款集中度限额管理制度

针对表内资产的品种、币种、期限、交易对手等进行集中度限额管理,防止由于资产过度集中引发流动性风险。建议在确定单一客户风险限额时应考虑贷款总体规模情况,兼顾商业保理公司服务对象的内生性,一般设定单一客户的融资占比不得大于总融资余额的25%。若出现大于的情况,可以通过信贷资产转让等形式进行贷款卖出调整。密切监测资产组合中的集中度,防止将资金过度投放至单一客户。

2. 关注负债的稳定性并进行主动负债

商业保理公司应通过提高核心负债占总负债的比重,提高流动性来源的稳定性。并对波动较大的债务进行有效预警管理。通过加强主动负债管理,促进负债结构的调整。特别是利率市场化后,可根据自身需要,对不同客户、不同期限、不同产品的负债进行差别定价,积极地调节负债结构比例。

3. 有效化解资产负债期限结构错配问题

有效化解资产负债期限结构错配问题的方式包括对资产与负债数量和期限的对称关系进行替代配置,以调整资产与负债结构,实现优化配置。满足短期资金来源中的稳定部分与长期资金来源中稳定部分能与长期资产相适应和短期资金来源中的波动部分与长期资金来源中提前支取的部分能与短期资产相适应的要求。实行贷款期限比例管理,通过资产转让等方式进行贷款结构的调整,从量上对贷款进行总盘控制,防止错配现象发生。

(二) 打通外向性融资渠道,拓宽资金来源

商业保理公司资金实力的增强,需要主动的流动风险管理,内在性的资金来源是有限的,关键在于利用更为顺畅的外部融资渠道,筹集和盘活更多可运用的"活性"资金。即时融资能力对于商业保理公司缓释流动性压力可以起到显著的作用。积极开拓融资渠道对商业保理公司的资金稳定性和对流动性风险控制具有重要意义。

1. 互联网金融市场

目前,商业保理公司与 P2P 网贷平台的合作模式主要是企业将应收账款转让给商业保理公司,形成保理资产后收益权再通过互联网金融平台向投资者出售,到期后商业保理公司负责回购。商业保理公司业务核心是对已发生贸易的真实性进行确认,重点在于应收账款债权企业的经营情况与规模,以及应收账款的真实性,不仅需要有完整的证据链证明融资企业应收账款的真实性,包括合同、发票、生产单等,还要证明与国内核心企业的真实合作关系。

2. 开展资产证券化业务

目前相关法规没有禁止商业保理公司开展资产证券化业务,商业保理公司开展资产证券化,可以解决资金来源渠道单一和不足问题。2012 年 5 月中旬,人民银行、银监会、财政部下发《关于进一步扩大信贷资产证券化试点有关事项的通知》,正式重启信贷资产证券化,随着新一轮信贷资产证券化重启,市场的发行规模会快速增长,发起主体和发行人将更加多样化。商业保理公司也希望参与

信贷资产证券化市场。

从商业保理公司信贷资产池品种来看,基本为未来现金收入稳定的资产。一方面,商业保理公司可以选择不同到期日的应收账款资产进行打包,有效地进行贷款结构的调整。但另一方面,入池资产选择也有一定的风险防范要求,每笔入池资产占比不能过高,在行业、地域上有严格的分散性要求。通过结构化设计安排,在资本市场出售资产支持证券,盘活存量信贷资产,增强商业保理公司信贷资产的流动性,拓宽资金渠道,解决资金不足问题,同时也可以促进商业保理公司的行业发展。

(三) 紧密依托产业链,不断拓展创新业务

紧紧依靠产业链,通过商业保理公司自身业务创新,抓住产业链的资金流向,扩展资金运作空间,提高资产的流动性和收益水平。

通过把握产业链的现金流资金流转规律,提前安排资金计划,平衡资金流的安全性、流动性与盈利性。在资金流转上,具有产业链完整,上下游关系紧密的特点,对此建议提供上下游产业协同的"产业链金融"。可以根据支付链的交易特点选择不同支付工具,推动支付工具多样化。

例如新希望集团商业保理项目重点服务于农牧产品及相关小微企业,借助双方在农业和金融平台方面各自的优势打造全国首个全产业链商业保理公司。新希望集团是目前国内最大的肉蛋奶供应商之一,在农牧业发展中占据国内领先地位,落户后新希望商业保理项目也将服务于农牧类企业。比如现在农户购买饲料需要贷款,普遍理解是需要去银行贷款,可是农户没有可抵押的资产,银行就不愿意给贷,新希望屠宰场会跟他签一个购买养成的鸡鸭或者猪的合同,这样的话新希望的饲料厂给农户饲料,农户把养成的鸡鸭卖给新希望的屠宰场。那么保理业务对于饲料厂来说就是应收账款,对于屠宰场来讲就是应付账款,两方面对接,因为其产业链比较齐全,风险可控。

第四节　流动性风险案例解析

一、案例一:资产负债期限结构错配问题

A商业保理公司与B公司完成一笔金额为5 000万的应收账款保理项目,

保理期限为一年,在保理期限到期前一个月可申请不超过6个月的宽限期。A商业保理公司以该项目的应收账款质押在C银行申请了一年期的流动资金贷款4 000万元,支付了80%的保理款,以自有资金支付了剩余20%的保理款。

A公司在保理合同到期前一个月申请延期,期限为6个月。A商业保理公司与C银行协商一致,准备先以自有资金归还上述贷款,再以该项目续做半年期的再保理贷款。

A公司以该项目做担保,在P2P网贷平台募集了4 000万元的资金,期限为7天。

A公司以P2P平台募集的资金归还了C银行的一年期流动资金贷款,同时在7天内办妥再保理贷款手续,以再保理资金归还了P2P网贷平台募集的资金。

案例分析: 根据商业保理业务相关规定:风险资产一般不得超过净资产总额的10倍,但在实务操作中,一般商业保理公司不会超过5倍。保理公司的资金来源除了资本金以外,主要来源为低成本的银行贷款资金,这就存在诸多的不确定性因素。目前P2P、资产证券化市场都可以成为保理资金的来源,虽然募集使用都比较灵活,但相对银行贷款成本偏高,因此如何利用好多种资金募集方式,使保理公司既能保持流动性,又能控制资金成本,将是保理公司资金管理的重要课题。

本案例中A公司利用银行贷款来匹配确定期限的保理款项,又利用成本较高的P2P网贷资金作为短期过桥资金,较好地在控制资金成本的同时保证公司流动性。

二、案例二:资产与负债的规模不匹配

A商业保理公司欲介入3C小家电生产行业,该行业的特征为季节性周期非常明显,通常3—4月为设备购买期,5—10月为集中生产期,11月为运输准备期,12月进入圣诞销售期。该行业的著名生产商B希望A保理公司能在5月根据订单给予一定比例的保理资金支持,12月完成销售收到商场货款后,归还A公司保理款。

由于B公司所需资金量比较大,而A公司尚处于业务起步阶段,资产规模尚不能满足B公司的资金需求。A公司根据B公司的特点,为B公司设计了

长短期结合的融资方案。在3—4月的设备采购期以三年期融资租赁的方案购买生产设备,在生产阶段,则可以减少外部的融资需求,降低保理资金的提款比例。

A公司为B公司介绍了C融资租赁公司以融资租赁的方式完成了设备采购,以保理的方式帮助B公司解决了生产阶段的流动资金缺口问题。A公司帮助B公司改善负债期限结构的同时,也避免了本公司因单一项目投入过大而导致的集中到期偿付风险。

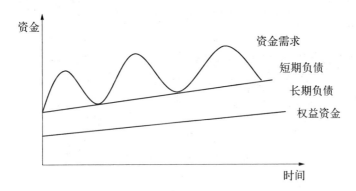

图5-1 资产与负债匹配情况

案例分析:一般企业的资金来源与资金需求配比如图5-1所示,长期稳定的资金需求由权益资金和长期负债构成,季节性的短期波动需求由短期负债来满足。短期负债较长期负债的成本低,但是存在更多的不确定性。如果企业是采用比较激进财务政策,即使用短期负债来覆盖部分长期资金需求,虽然能够降低企业的资金成本,但也给企业带来了流动性的风险;如果企业是采用比较保守的财务政策,即使用长期负债来覆盖部分短期资金需求,这样企业在流动性上比较有保障,但必然在资金成本上付出更多。

商业保理的出现恰好是配合企业周期性波动资金需求的最好产品。作为商业保理公司,在流动性风险控制上,要注意与客户的短期资金需求相匹配,以保证保理款项的回款。

本案例中B公司以融资租赁的方式解决了固定资产采购的长期资金需求,以保理融资方式解决了短期存货采购、人工支付等短期资金需求,在控制成本的同时也为公司长期的资金安排争取了时间,较好地体现了资产与负债期限、规模相匹配,控制了流动性风险。

 **复习思考题**

1. 作为一个新兴的行业,缺乏历史数据的积累,是否能参考银行等相关行业的数据建立起一套科学实用的流动性预警界定监测指标体系?

2. 面对市场上众多的融资平台,我们应该如何选择并控制融资平台风险?

第六章

市场风险管理

本章概要
- 市场风险的概述及影响
- 市场风险的管理目标及组织构架
- 市场风险的管理
- 市场风险管理实务案例解析

中国作为贸易大国,随着中国人民币国际化进程的加速,市场进一步开放,国际竞争愈加激烈,促使大量企业采用赊销的方式参与市场竞争,使得商业保理这种兼备应收账款融资、账款催收、信用风险控制及坏账担保功能的业务近几年来呈现快速成长的趋势。

同时,也应该认清商业保理公司普遍规模小,抗风险能力较弱,在遇到诸如经济预期下行,汇率出现较大波动等市场因素异动时更易受到冲击的现实。全面了解并识别这些市场风险因素对商业保理公司来说非常重要。

第一节 市场风险的概述及影响

一、市场风险定义

市场风险是指未来市场价格(利率、汇率、股票价格和商品价格)的不确定性对企业实现其既定目标的不利影响。市场风险可以分为利率风险、汇率风险、股票价格风险和商品价格风险,这些市场因素可能直接对企业产生影响,也可能通过其竞争者、供应商或者消费者间接对企业产生影响。

由于我国商业保理公司不从事股票业务,因此其市场风险主要表现为利率风险、汇率风险。

另有一种观点认为,市场风险主要是指由于市场发生变化,使企业无法按原定计划销售产品而给供应链企业带来的还款风险,其产生的原因主要为两方面:一是预测失误,企业预测未能适应市场的波动;二是出现新的替代品,导致企业销售计划落空,资金链条断裂。

(一) 利率风险

利率风险指对利率敏感的工具因利率遭受不利的价值变化的风险或利率变化会从整体上产生对资产负债表不利的风险。

商业保理公司提供的应收账款融资通常期限在180天内,且为固定利率,在此期间,商业保理公司的收益固定,而资金的成本是浮动的,公司的资产与负债在对利率的敏感性上是不匹配的,面临利率风险。

影响利率的因素包括以下三方面。

(1) 宏观经济环境。当经济发展处于增长阶段时,投资的机会增多,对可贷资金的需求增大,利率上升;反之,当经济发展低迷,社会处于萧条时期时,投资意愿减少,自然对于可贷资金的需求量减小,市场利率一般较低。

(2) 央行的政策。一般来说,当央行扩大货币供给量时,可贷资金供给总量将增加,供大于求,自然利率随之下降;反之,央行实行紧缩式的货币政策,减少货币供给,可贷资金供不应求,利率随之上升。

(3) 国际经济形势。一国经济参数的变动,特别是汇率、利率的变动也会影响其他国家利率的波动。国际证券市场的涨跌也会对国际银行业务所面对的利率产生风险。

资金缺口是一个与时间长短相关的概念。缺口数值的大小与正负都依赖于计划期的长短,这是因为资产或负债的利率调整期限决定了利率调整是否与计划期内利率相关。

(二) 汇率风险

汇率风险又称外汇风险,指经济主体持有或运用外汇的经济活动中,因汇率变动而蒙受损失的可能性。

根据汇率风险的作用对象和表现形式,汇率风险一般又可分为交易风险、折算风险和经济风险。

(1) 交易风险:公司在运用外币进行计价收付的交易中(如外汇买卖、国际信贷)因外汇汇率变动而蒙受损失的可能性;

(2) 折算风险:公司对资产负债表进行会计处理的过程中,因汇率变动而引起海外资产和负债价值的变化而产生的风险(对设有海外分公司和机构的企业尤为突出);

(3) 经济风险:非预期的汇率变动引起公司未来一定期间的收益或现金流量变化的一种潜在风险。

影响汇率的因素包括以下四方面。

(1) 国际收支及外汇储备。所谓国际收支就是一个国家的货币收入总额与付给其他国家的货币支出总额的对比。如果货币收入总额大于支出总额,便会出现国际收支顺差,反之,则是国际收支逆差。国际收支状况对一国汇率的变动能产生直接的影响。发生国际收支顺差,会使该国货币对外汇率上升,反之,该国货币汇率下跌。

(2) 利率。利率作为一国借贷状况的基本反映,对汇率波动起决定性作用。利率水平直接对国家间的资本流动产生影响,高利率国家发生资本流入,低利率国家则发生资本外流,资本流动会造成外汇市场供求关系的变化,从而对外汇汇率的波动产生影响。一般而言,一国利率提高,将导致该国货币升值,反之,该国货币贬值。

(3) 通货膨胀。一般而言,通货膨胀会导致本国货币汇率下跌,通货膨胀的缓解会使汇率上浮。通货膨胀影响本币的价值和购买力,会引发进口商品竞争力减弱、出口商品增加,还会引发对外汇市场产生心理影响,削弱本币在国际市场上的信用地位。这三方面的影响都会导致本币贬值。

(4) 政治局势。国内及国家间的政治局势的变化,都会对外汇市场产生影响。政治局势的变化一般包括政治冲突、军事冲突、选举和政权更迭等,这些政治因素对汇率的影响有时很大,但影响时限一般都很短。

市场风险管理是辨识、度量、监测和控制市场风险的全过程。市场风险管理的目标是通过将市场风险控制在企业可以(或愿意)承受的合理范围内,实现经风险调整的收益率的最大化。

商业保理公司应当充分识别、准确计量、持续监测和适当控制所有交易和非交易业务中的市场风险,确保在合理的市场风险水平之下安全、稳健经营。商业保理公司所承担的市场风险水平应当与其市场风险管理能力和资本实力相匹配。

第二节　市场风险的管理目标及组织构架

一、市场风险的管理目标及原则

1. 公司市场风险的管理目标

(1) 建立市场风险的容忍度和限额,将市场风险控制在公司可以承受的合理范围内。

(2) 建立有效的市场风险管理体系和管理流程,提高公司市场风险管理能力。

2. 公司市场风险的管理原则

(1) 独立制衡原则,各相关机构、部门和岗位的设置应权责分明、相对独立、相互制衡。

(2) 全面管理原则,风险管理应渗透到相关业务的各个环节。

(3) 适时适用原则,风险管理制度应同所处的环境相适应,以合理的成本实现风险管理目标,并根据公司内外部环境变化,适时进行相应的更新、补充、调整和完善。

(4) 责任追究原则,风险管理的每个环节都明确责任人,并按规定对违反制度的直接责任人以及对负有领导责任的高级管理人员进行问责。

(5) 透明性原则,公司各相关业务数据必须对风险管理人员全部透明,以利于风险管理对业务、资产进行风险的监测、评估和控制。

二、管理组织架构

为了使风险管理更为有效,风险管理权限由董事会授权高级管理层至各业务部门,风险权限组织如图6-1所示。

1. 董事会

公司的董事会是市场风险管理的决策机构,同时决定企业的风险偏好。

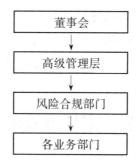

图 6-1 管理组织架构图

商业保理公司如因市场风险遭受任何经济损失或股值的贬值为董事会负最终责任。在市场风险管理方面，董事会职责主要包括：明确公司市场风险管理目标；批准公司的风险管理和策略，以及风险管理构架，其中包括组织结构、管理层的职责、风险管理相关事宜的授权、风险鉴别与度量，风险监管与控制及管理风险收益率及风险组织结构和市场风险结构的管理；制定企业策略和资产负债可承受的风险水平，批准限额以管理公司的市场风险；决定公司审核的风险限额和政策，但不包括程序上的操作的改变。

任何程序上的操作上的改变由公司高级管理层批准，通过对政策遵循的复审及审计报告监管市场风险管理的有效性。

2. 高级管理层

高级管理层有鉴别、复审及对市场风险管理提供战略指导的责任。

3. 风险合规部门

负责辅助公司市场风险管理的职能部门是风险管理部。其主要职责是辅助高级管理层的决策，了解公司的总体市场风险情况，同时负责对业务部门所承担的所有市场风险提供监督职能。其责任包括拟定市场风险政策、指导原则和程序；为市场风险提供集中监管、报告和控制框架；分析公司交易账户和资产负债表结构中的市场风险；辅助评估市场风险限额的应用及超额批准；适当时，制定风险价值及其他风险量化方法，并进行必要的风险计算；向高级管理层和董事会报告公司的全部市场风险；向高级管理层提议规避风险战略；为高级管理层提供会议材料准备、做好会议记录；检测市场风险控制措施以确保其监控市场风险的充分性；适当时，辅助公司所使用的定价模型和市场风险模型的相关开发及有效性验证。

4. 各业务部门

各业务部负责人，必须严格遵守交易活动的职业操守，操作和控制步骤，及各部门内部的交易系统,使其与高级管理层制定的政策和指导原则保持一致。各业务部门负责承担其部门的所有风险并应当理解这些风险的种类和数额。他们应当进一步确保在承担风险的基础上获得充分的收益。

第三节　市场风险的管理

一、市场风险限额管理

市场风险限额是指用于有效控制金融产品市场风险损失的限定额度值。凡因市场价格变化导致相应的资产(负债)价值发生变化、进而直接影响净资产或损益的产品为含有市场风险暴露的产品,应对其实施市场风险限额控制管理。

市场风险限额包括交易限额、风险限额及止损限额等,并可按地区、业务经营部门、金融工具和风险类别进行分解。商业保理公司应当根据不同限额控制风险的不同作用及其局限性,建立不同类型和不同层次的限额相互补充的合理限额体系,有效控制市场风险。

商业保理公司在设计限额体系时应当考虑以下因素:
(1) 业务性质、规模和复杂程度;
(2) 商业保理公司能够承担的市场风险水平;
(3) 业务经营部门的既往业绩;
(4) 工作人员的专业水平和经验;
(5) 定价、估值和市场风险计量系统;
(6) 压力测试结果;
(7) 内部控制水平;
(8) 资本实力;
(9) 外部市场的发展变化情况。

二、市场风险识别、计量和报告

(一) 市场风险识别

适时、准确地识别风险是风险管理的最基本的要求,这对商业保理公司的风险管理水平提出了严峻的考验。

商业保理公司应当根据本公司的业务性质、规模和复杂程度,对银行账户和交易账户中不同类别的市场风险选择适当的、普遍接受的计量方法,基于合理的假设前提和参数,计量承担的所有市场风险。商业保理公司应当尽可能准确计算可以量化的市场风险和评估难以量化的市场风险。

商业保理公司应当建立全面、严密的压力测试程序,定期对突发的小概率事件,如市场价格发生剧烈变动,或者发生意外的政治、经济事件可能造成的潜在损失进行模拟和估计,以评估公司在极端不利情况下的亏损承受能力。压力测试应当包含定性和定量分析。

压力测试应当选择对市场风险有重大影响的情景,包括历史上发生过重大损失的情景和假设情景。假设情景包括模型假设和参数不再适用的情形、市场价格发生剧烈变动的情形、市场流动性严重不足的情形,以及外部环境发生重大变化、可能导致重大损失或风险难以控制的情景。

商业保理公司应当根据压力测试的结果,对市场风险有重大影响的情形制定应急处理方案,并决定是否及如何对限额管理、资本配置及市场风险管理的其他政策和程序进行改进。董事会和高级管理层应当定期对压力测试的设计和结果进行审查,不断完善压力测试程序。

风险管理部应建立市场风险预警制度,明确市场风险管理的要求,将市场风险状况分为多个等级,明确各风险等级的预警线。当达到高风险等级预警线的情况发生时,应当在24小时内启动预警,及时报告公司风险管理委员会,同时出具高风险预警报告(表6-1、表6-2)。

表6-1 评价指标之———风险发生可能性评分标准

评 分	1	2	3	4	5
	极低	低	中等	高	极高
标准以及发生概率	在特殊情况下才可能发生	在少数情况下,可能会发生	在少数情况下,较可能会发生	在大多数情况下,可能会发生	预计会出现在大多数情况下
	(≤5%)	(>5%≤25%)	(>25%≤50%)	(>50%≤75%)	>75%
发生周期	不大可能在24个月内发生	可能会在12至24个月内发生	可能会在6至12个月内发生	可能会在3至6个月内发生	可能会在3个月内发生

表 6-2 评价指标之二——风险发生的影响程度评分标准

评分		5	4	3	2	1
影响程度说明		非常关键，可能导致企业倒闭	对企业的影响非常显著	对企业的影响显著	对企业的影响不大	没有对企业的影响
标准	风险	灾难性的	重大的	中等的	轻微的	极轻微的
影响	市场风险	宏观政策、市场、舆论等外部环境迅速恶化，企业难以生存	宏观政策、市场、舆论等外部环境迅速恶化，企业需作出重大调整	宏观政策、市场、舆论等外部环境出现恶化，但尚在可承受的范围，企业需开展优化调整	宏观政策、市场、舆论等外部对企业不利，企业拟定应对措施	宏观政策、市场、舆论等外部环境呈现对企业不利的态势，企业需考虑可能的影响及应对

（二）市场风险的计量及监测

商业保理公司根据不同资产和负债的特点，采用情景分析、在险价值和压力测试等方法准确计量、持续监测公司面临的市场风险。

定期将各类市场风险计量结果和相关分析报送风险管理部，由风险管理部门对公司市场风险进行定性和定量相结合的评估分析，每季度向管理委员会进行报告。

风险管理部建立风险管理信息系统及市场风险相关指标，对市场风险实行日常动态监控和分析。定期实施模型校验，对市场风险计量方法或模型进行调整和改进，确保假设前提、参数、数据来源和计量程序的合理性和准确性。

商业保理公司应当按照规定向董事会报送与市场风险有关的财务会计、统计报表和其他报告。委托社会中介机构对其市场风险的性质、水平及市场风险管理体系进行审计，还应当提交外部审计报告。

商业保理公司应当及时向董事会报告下列事项：

（1）出现超过保理公司内部设定的市场风险限额的严重亏损；

（2）国内、国际金融市场发生的引起市场较大波动的重大事件将对本公司市场风险水平及其管理状况产生的影响；

（3）交易业务中的违法行为；

（4）其他重大意外情况。

(三) 市场风险报告制度

有关市场风险情况的报告应当定期、及时向董事会、高级管理层和其他管理人员提供。不同层次和种类的报告应当遵循规定的发送范围、程序和频率。报告应当包括如下全部或部分内容：

(1) 按业务、部门、地区和风险类别分别计量的市场风险水平；
(2) 对市场风险水平的结构分析；
(3) 盈亏情况；
(4) 市场风险识别、计量、监测和控制方法及程序的变更情况；
(5) 市场风险管理政策和程序的遵守情况；
(6) 市场风险限额的遵守情况，包括对超限额情况的处理；
(7) 事后检验和压力测试情况；
(8) 对改进市场风险管理政策、程序以及市场风险应急方案的建议；
(9) 市场风险管理的其他情况。

此外，商业保理公司的市场风险报告的相关内容信息也有向外部沟通及反馈的义务和需求，如对商务部一年一度的合规考核报告、与中国服务贸易协会商业保理专业委员会保持信息沟通、同业交流等，以保证：

(1) 企业的对外报告符合法律、法规和公司治理要求；
(2) 企业与外部利益相关者保持有效的信息沟通；
(3) 在外部利益相关者中建立对企业的信心；
(4) 在发生突发事件、危机和紧急状况时与利益相关者沟通；
(5) 为企业提供外部利益相关者的报告和反馈。

第四节　市场风险管理实务案例解析

一、案例

(一) 买卖双方背景情况

卖方：公司是一家地区中小型私营企业，主要业务为各种运动器材、碳纤维、玻璃纤维制品、复合材料的制作加工、销售。

买方：公司是一家上市公司，主要从事高级碳纤维复合材料产品开发与制造，主要产品为碳纤维网球拍、羽毛球拍、赛车用安全帽、自行车架、航空结构与医疗器材。因上游供货商有融资需求，向我司申请供应链保理额度。

（二）尽职调查分析

本案例卖方虽然是一家中小企业，无优质的固定资产作担保，但其下游买方股东背景实力雄厚，信誉较佳。

查询双方历史交易记录良好，卖方在产品质量与交期上表现良好，亦无重大明显的折让折扣情形发生；买方在支付上按照交易账期如期电汇付款，不存在混合式电汇或银票等支付方式，减低回款风险。如有产品瑕疵的情况，能尽早在收货后验收完提出，及时立账让所有资料在公司ERP系统中查询。

（三）案件架构方案

业务类型：国内公开型有追索权保理

交易产品：运动器材等

授信期限：1年

每笔放款最长期间：60天

催账期：30天

应收账款转让方式：卖方转让，买方确认应收账款转让

拨款要求与条件：

1. 增值税发票
2. 采购合同
3. 订单
4. 收货验收单
5. 买方ERP系统上应付账款资讯
6. 买方确认应付账款电邮
7. 买方回复应收账款转让通知书
8. 买方确认回款账户为保理公司控管的账户

二、案例分析

1. 本项目承做的主要依据

（1）对买方实力及资质的肯定，通常这类买方为中大型企业，信息透明度高，降低了获取历史交易信息及信用信息的难度和成本。

（2）公开型保理架构下，买方确认保理所受让债权，并透过内部ERP系统避

免人为疏漏或虚假交易。

（3）过往交易纪录表现良好，且账期符合一般行业特性，无显著异常，有任何折让折扣情形皆保留完整记录，验收流程避免商业纠纷发生。

（4）按上述历史交易记录并参照产品毛利率，与供应商洽商后议定合理预付比例。

（5）明确的支付工具，避免重复融资的潜在风险。

（6）成功与此类型买方合作后，为进入供应链保理业务的契机，逐步扩增保理服务范围到更多供应商。

2. 应收账款的发展

合作初期的 2 个月运作中，公司的表现非常合作，应收账款的周转也非常良好。但很快买方受到欧洲经济景气度衰退，所处行业的碳纱需求量下降，加上波音 787 受电池意外影响，以及部分在汽车上的应用延迟，买方公司成长速度放缓，拖累了卖方的回款速度。

在接下来的合作期间，回款极不稳定，多次发生逾期，商业保理公司被迫调降额度。

3. 进一步的恶化

合作时间过半，买方突然要求供应商统一降价 5%，加剧了卖方现金流紧缺的压力。主要是自 2015 年 8 月 11 日中国人民银行决定进一步完善人民币汇率中间价报价，在 8 月 11 日、12 日两天人民币兑换美元的汇率中间价分别比上一日出现了接近 2% 和 1.6% 的贬值。在国际贸易中以美元进行结算的模式下，随着人民币的贬值，必然会导致核心零部件成本的提升。

4. 结论

商业保理公司对买卖双方所处行业的不了解，宏观经济形势的判断经验不足或缺失，对企业面临市场环境中社会和政治因素未能很好处理，亦会造成对自身业务的损失。

于承做后，日常除了须持续不断对买方及卖方进行定期与不定期拜访及查验，包括对既有及新产生的应收账款核实，对采购合同是否续期、内容是否有大幅变动及是否有禁止转让条款出现，对发票、订单与验收的真实性核查，对临界到期日账款的提醒与追踪，对买卖双方的营运及财务表现、股东及经营层的变化、对产品及产业未来性的预判等。

还需要定期对宏观经济状况进行分析，及时跟踪影响市场整体和各类资产的有关信息，分析可能的价格波动对公司业务的影响。

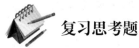 **复习思考题**

随着自贸区在中国大地的蓬勃发展，人民币外债限制放开的预期愈加明显的背景下，未来自贸区内注册的商业保理公司有望在开展更多的跨境保理业务，商业保理公司如何做到有效规避利率及汇率波动所带来的市场风险呢？

第七章

信息技术与风险管理方面

本章概要
- 信息技术风险的概述
- 信息技术风险的影响
- 信息技术风险的管理
- 信息技术风险案例解析

本章首先阐述信息技术与风险管理的基本框架、治理体制、风险策略,以及信息安全保障。其次强调信息技术风险的影响,包括:额度管控、风险监控与预警、操作风险的防范、大数据对信息技术风险的影响。通过保理信息化系统建设,对业务流程、授信额度、交易数据等方面进行实时风险监控,不仅提高作业效率,减少差错,还可以降低操作风险。再次,介绍信息技术与风险管理,重点讲述保理业务系统的管理功能模块,最后,结合实践,详细解析两个信息技术与风险管理的实务案例。

第一节 信息技术风险的概述

一、信息技术与风险管理的基本框架

信息技术,是指计算机、通信、软件工程等现代信息技术,在保理业务的交易

处理、业务管理、风险管理和内部控制等方面的应用。

信息技术风险[①],是指信息技术在保理业务运用过程中,由于自然因素、人为因素、技术漏洞和管理缺陷产生的操作、法律和信用等风险。

信息技术风险管理的目标,是根据监管要求和股东价值,通过建立有效的风险政策与风控机制,实现对保理公司信息技术风险的识别、计量、监测和控制,促进保理业务的安全、持续、稳健运行,推动保理业务创新。另外,提高信息技术使用水平,可以增强保理公司的核心竞争力和可持续发展能力。

建设保理业务相关的信息系统,重点要面向管理流程,利用分析工具,支持风险政策的落实,以满足保理业务风险管理的需要。构建保理业务信息技术与风险管理的基本框架如图7-1所示。

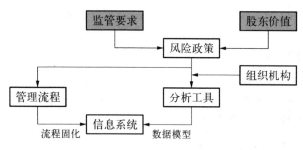

图7-1 信息技术与风险管理基本框架

目前,保理业务信息系统的建设,虽然在行业内还没有统一的技术标准和检测规范,但保理公司应自觉提升保理业务相关应用系统的信息安全管理与技术风险防范,并加强技术测试,技术测试包括但不限于以下几点。

(1) 功能测试。验证保理业务信息系统的功能是否正确实现,测试其业务处理的准确性,尤其在账务系统方面,应保证记账精确。

(2) 风险监控测试。评估保理业务信息系统的风险监控、预警和管理措施,测试其业务系统异常交易等风险的监测和防范能力。

(3) 性能测试。验证保理业务信息系统是否满足业务需求的多用户并发操作,是否满足业务性能需求,评估压力解除后的自恢复能力,测试系统性能极限。

(4) 安全性测试。评估保理业务信息系统在网络安全、主机安全、应用安全、数据安全、运维安全、电子认证安全、业务连续性等方面的能力及管理措施,评价

---

① 资料来源:中国银行业监督管理委员会《商业银行信息科技风险管理指引》2009年。

其业务系统的安全防控和安全管理水平。

二、信息技术的治理体制

保理公司可设立一个由高级管理层、信息技术部门和业务部门的代表组成的专门信息技术委员会,负责监督各项职责的落实,定期向公司管理层汇报信息科技战略规划的执行、信息技术预算和实际支出、信息系统的整体运行状况。信息技术委员会的职责包括以下方面。

(1) 直接参与信息科技运用有关的业务发展决策。

(2) 确保公司信息科技战略,尤其是信息技术系统开发战略,应符合公司总体保理业务的战略和信息科技风险管理策略。

(3) 负责信息科技预算和支出、信息科技策略、标准和流程、信息科技内部控制、专业化研发、信息科技项目发起和管理、信息系统和信息科技基础设施的运行、维护和升级、信息安全管理、灾难恢复计划等职责。

保理公司可以再设立一个特定部门或小组,负责信息科技风险管理工作,负责协调制定有关信息科技风险管理策略,尤其是在涉及信息安全、业务连续性和合规性风险等方面,为业务部门和信息科技部门提供建议及相关合规性信息,实施持续信息科技风险评估,跟踪整改意见的落实,监控信息安全威胁和不合规事件的发生。保理公司制定日常的全面信息科技风险管理治理机制,包括但不限于以下内容。

(1) 信息分级与保护;

(2) 信息系统开发、测试和维护;

(3) 信息科技运行和维护;

(4) 访问控制;

(5) 物理安全;

(6) 人员安全;

(7) 业务连续性计划与应急处置预案。

三、信息技术风险策略

保理公司应依据本公司的信息科技风险管理策略和风险评估结果,实施全面的信息科技风险防范措施。防范措施包括如下方面。

(1) 制定明确的信息科技风险管理制度、技术标准和操作规程等,定期进行更新和公示,并贯彻培训制度。

(2) 确定潜在风险区域,并对这些区域进行详细和独立的监控,实现风险最小化。建立适当的风险控制框架,以便于检查和平衡风险;定义每个业务级别的控制内容,包括:

① 最高权限用户的审查,定期更新用户登录密码;

② 控制对数据和系统的物理和逻辑访问;

③ 访问授权以"必须知道"和"最小授权"为原则;

④ 定期检视审批和授权的岗位节点。

保理公司应认识到信息科技项目相关的风险,包括潜在的各种操作风险、财务损失风险和因无效项目规划或不适当的项目管理控制产生的机会成本,并采取适当的项目管理方法,控制信息科技项目相关的风险。

保理公司应采取适当的系统开发方法控制信息系统的生命周期。典型的系统生命周期包括系统分析、设计、开发或外购、测试、试运行、部署、维护和退出。所采用的系统开发方法应符合信息科技项目的规模、性质和复杂度。

保理公司应制定相关控制信息系统变更的制度和流程,确保系统的可靠性、完整性和可维护性,其中应包括以下要求。

(1) 生产系统与开发系统、测试系统有效隔离。

(2) 生产系统与开发系统、测试系统的管理职能相分离。

(3) 除得到管理层批准执行紧急修复任务外,禁止应用程序开发和维护人员进入生产系统,且所有的紧急修复活动都应立即进行记录和审核。

(4) 将完成开发和测试环境的程序或系统配置变更应用到生产系统时,应得到信息科技部门和业务部门的联合批准,并对变更进行及时记录和定期复查。

四、信息技术安全有关名词释义[①]

1. PKI

PKI(pubic key infrastructure)是遵循一系列标准的利用公钥加密技术为基础的一整套安全基础设施的通称。

PKI 必须具有权威认证机构 CA 在公钥加密技术基础上对证书的产生、管理、存档、发放以及作废进行管理的功能,包括实现这些功能的全部硬件、软件、人力资

[①] 资料来源:《中国金融认证中心(CFCA)应用安全技术方案》。

源、相关政策和操作程序,以及为 PKI 体系中的各成员提供全部的安全服务。如:实现通信中各实体的身份认证、保证数据的完整、抗否认性和信息保密等。

2. 数字证书

数字证书是各类实体(开户人、持卡人/个人、商户/企业、网关/银行等)在网上进行信息交流及商务活动的身份证明,在电子交易的各个环节,交易的各方都需验证对方证书的有效性,从而解决相互间的信任问题。简单地说,数字证书是一段包含用户身份信息、用户公钥信息以及身份验证机构数字签名的数据。身份验证机构的数字签名可以确保证书信息的真实性,证书格式及证书内容遵循 X.509 标准[①]。

从证书的一般用途来看,数字证书可分为签名证书和加密证书。签名证书主要用于对用户信息进行签名,以保证信息的不可否认性;加密证书主要用于对用户传送信息进行加密,以保证信息的真实性和完整性。

3. 数字证书认证中心

数字证书认证中心(certificate authority,CA)是整个网上电子交易安全的关键环节。它主要负责产生、分配并管理所有参与网上交易的实体所需的身份认证数字证书。每一份数字证书都与上一级的数字签名证书相关联,最终通过安全链追溯到一个已知的并被广泛认为是安全、权威、足以信赖的机构——根认证中心(根 CA)。

4. SSL(secure socket layer)安全套接层协议

SSL 安全套接层协议主要是使用公开密钥体制和 X.509 数字证书技术保护信息传输的机密性和完整性,它不能保证信息的不可抵赖性,主要适用于点对点之间的信息传输,常用 Web Server 方式。

安全套接层协议是网景(Netscape)公司提出的基于 WEB 应用的安全协议,它包括:服务器认证、客户认证(可选)、SSL 链路上的数据完整性和 SSL 链路上的数据保密性。使用 SSL 可保证信息的真实性、完整性和保密性。但由于 SSL 不对应用层的消息进行数字签名,因此,不能提供不可否认性,这是 SSL 的不足。

5. 加密

加密是指使用密码算法对数据作变换,使得只有密钥持有人才能恢复数据面貌,主要目的是防止信息的非授权泄漏。现代密码学的基本原则是:一切密码

[①] X.509 是国际电信联盟(ITU-T)制定的数字证书标准和国际标准化组织(ISO)的证书格式标准。

寓于密钥之中即算法公开,密钥保密。

6. 数字签名

数字签名是指用户用自己的私钥对原始数据的哈希摘要进行加密所得的数据。信息接收者使用信息发送者的公钥对附在原始信息后的数字签名进行解密后获得哈希摘要,并通过与收到的原始数据产生的哈希摘要对照,便可确信原始信息是否被篡改。这样就保证了数据传输的不可否认性。

7. 中国金融认证中心(CFCA)

中金金融认证中心有限公司,即中国金融认证中心(CFCA),是由中国人民银行牵头,联合各家商业银行成立的公正的、权威的第三方机构。CFCA 一直致力于中国金融业的安全基础设施建设和服务提供,为中国金融业的各种商业应用提供基于 PKI 的安全解决方案。目前已经在国内外 100 多家商业银行,数百家电子政务和电子商务平台、大型企业以及其他行业得到广泛应用。证书应用包括网上银行、网上购物、网上申报缴税、网上证券、网上保险、网上购销和其他安全业务(OA、MIS)等。

五、保理业务信息系统的安全保障需求

在对安全性要求较高的保理业务信息系统建设中,不仅使用防火墙、防病毒软件等方法进行网络方面的安全性建设,而且对于网上交易过程中的身份认证、交易的私密性、交易数据完整性、交易的抗抵赖性等方面也提出了安全保障需求。这些需求具体描述为四点。

1. 对身份认证和访问控制的需求

一般的网络服务器只提供用户匿名访问,但保理业务信息系统需要确认用户的身份,因为只有确认了用户的身份,才能开放相应的权限和提供针对的服务,并能够有效地防止非法用户的侵入。

对于用户身份认证常见的解决方法是采用口令的方式。这种方式简便易行,但是存在着诸多的隐患,首先,口令在公开网络上以明文的方式传送容易被截获。其次,一旦口令泄密,所有安全机制即失效。最后,网站内部还需要维护庞大的用户口令列表并负责口令保存的安全。所以,只采用口令的方式对于保理业务信息系统是不可取的。

2. 对数据传输安全性的需求

保理业务信息系统用户通过互联网远程访问应用服务器,双方的数据交互

必然发生在 Internet 上，TCP/IP 协议的开放性造成在 Internet 上的信息是处于明文状态的。为了弥补这个安全漏洞有必要对通信通道进行加密保护。

传统的方式是建设一条通信专线，运行通信双方约定的加密算法来达到保护通信信道的目的，这种方式存在几方面的缺点。

（1）需要占用一条专用通信信道，所以费用昂贵。

（2）配置方式不灵活只能保障固定的几个通信节点的安全。

（3）不能满足数量众多的保理业务信息系统用户通过公开网络进行加密通信的要求。

3. 对数据完整性的需求

保理业务信息系统交易数据在公网上传输，虽然通过加密能够保证交易数据不被窃取，但还不能有效防止黑客的恶意篡改。为了保证交易的数据的完整性，有必要对用户账号、交易金额等关键数据进行完整性处理，防止数据被篡改。

4. 对交易抗抵赖性的需求

不可抵赖性是指指令发出者不能在事后抵赖曾经发出该指令。这对于规范业务，避免法律纠纷起着很大的作用。在电子订单系统的确认中，保证关键交易的不可抵赖性是非常重要的。

总之，要达到上述应用中的安全性的要求，可以在保理业务信息系统的安全性方案中，采用 PKI 体系来实现。作为普适性的安全应用基础设施，PKI 的证书机制提供了与具体应用结合的接口，方便与各种应用结合。选择在 CA 认证领域富有经验的 CA 运营商和安全承建人，包括已经证明为全国主流的银行建设了网银安全系统预值证书应用，为大型企业构建了电子商务安全应用。

六、保理业务信息系统的安全保障解决方案

在保理业务信息系统中充分考虑安全特性，在现有的基础上增加对用户身份识别的手段；对交易行为进行签名保存；考虑到一个企业可能需要多张证书开展业务的情况，支持一个企业绑定多把 USB Key 设备。采用数字证书可以解决以下安全问题。

1. 权限控制

保理业务信息系统的用户通过保理公司获取进行业务时必须出示的"网络身份证"，保理公司通过设置在本地的前置系统，将企业的真实信息，包括：企业营业执照号、企业名称等与已预值在 KEY 中的证书 DN 进行绑定，绑定成功后

证书生效。用户在获取证书后可直接使用证书进行系统登录,并在订单确认时进行电子签名。

在保理公司应用服务器端需将该用户登录的用户名与对应登录的证书DN信息进行绑定,在用户登录时,保证原用户名+密码匹配情况下,出示该用户名唯一对应的数字证书,并经过CFCA CRL验证证书有效性通过后,才允许用户登录使用。

2. 身份验证与信息加密传输

只有持有合法的数字证书的用户,才能登录保理公司应用安全平台或对应的保理业务信息系统,没有证书的用户即使知道用户名和密码也无法登录系统。

在此过程中,CFCA安全代理服务器在用户使用数字证书登录网站的过程中,进行双方正式交易以前的证书有效性检查和密钥协商阶段,可以把这个过程称为服务器与用户客户端的"握手"过程,在握手的过程中,交易双方都要对对方身份的真实性进行检查。如果用户身份不可信或用户身份有问题(例如证书在CRL列表中或证书有效期已过),则不能通过用户身份的校验。这个过程中,服务器需要连接CA的目录服务器查询对方身份有效性。只有具有数字证书,并且通过基于数字证书身份校验的用户,才能进入保理公司的保理业务信息系统。

同时在握手的过程中,双方会通过一系列的安全认证的机制和协商加密的算法,建立信息安全传输的加密通道。用户端和系统服务器之间就建立起了一条安全的信息通道。双方可以放心地在这条通道上相互传输交易数据,而不必担心信息被除交易双方的第三方窃取或篡改。用户可以放心地在此系统上进行各类操作。

3. 交易的完整性与不可抵赖性

在交易中,还有非常重要的一个环节:就是在用户在进行涉及资金转移等重要交易时,需要留下类似传统交易中纸质签名的交易"痕迹",即需要有相应的技术手段确认操作确实由发起人完成,交易信息没有被修改,且不可抵赖。在交易中,采用数字签名的技术来实现电子商务活动的抗抵赖性。用户在进行操作时对于重要交易的确认信息进行数字签名。服务器端对用户的签名结果进行验证,证明内容有效后,进行后续的操作。签名后的结果被保存下来。在需要的时候,CFCA作为公信的第三方,可以对数字签名的结果进行验证。任何对于数字签名原文的微小的篡改都使签名结果完全不同,因此,很容易通过数字签名的校验,来判断信息的原文是否被篡改。

系统安全是一个管理和技术结合的问题。一个严密、完整的管理体制，不但可以最大限度地在确保系统安全的前提下实现信息资源共享，而且可以弥补技术性安全隐患的部分弱点。信息技术系统能否正常高效地运行，很大程度上取决于是否发挥了它的最大功效，这依赖于系统的管理策略。为了保证系统的安全，应该在网络安全防范、恶意代码防范、数据完整性与保密性等方面提供安全保障，具体措施如下。

(1) 网络安全防范。

① 应在网络边界处监视以下攻击行为：端口扫描、强力攻击、木马后门攻击、拒绝服务攻击、缓冲区溢出攻击、IP 碎片攻击、网络蠕虫攻击等行为；

② 当检测到攻击行为时，应记录攻击方的 IP 地址、攻击的类型、攻击的目的、攻击的时间，并在发生严重入侵事件时提供报警；

③ 应能够检测主机内重要程序完整性受到破坏，并在检测到完整性错误时采取必要的恢复措施；

④ 应进行主机运行监控，包括监控主机的 CPU、硬盘、内存、网络等资源的使用情况；

⑤ 应对主机设定资源报警阈值，以便在资源使用超过规定数值时发出报警；

⑥ 应对主机进行特定进程监控，限制操作人员运行非法进程；

⑦ 应对主机进行主机用户监控，限制对重要用户的添加和更改。

(2) 恶意代码防范。

① 应在网络边界及核心业务网段处对恶意代码进行检测和清除；

② 应维护恶意代码库的升级和检测系统的更新；

③ 应支持恶意代码防范的统一管理；

④ 关键服务器和终端设备均应安装实时检测和查杀恶意代码的软件产品。

(3) 数据完整性。

① 应能够检测到系统管理数据、鉴别信息和用户数据在传输过程中完整性是否受到破坏，并在检测到完整性错误时采取必要的恢复措施；整性是否受到破坏，并在检测到完整性错误时采取必要的恢复措施；

② 应能够检测到系统管理数据、鉴别信息和用户数据在存储过程中完整性是否受到破坏，并在检测到完整性错误时采取必要的恢复措施；

③ 应能够检测到重要程序的完整性是否受到破坏，并在检测到完整性错误时采取必要的恢复措施。

(4) 数据保密性。

① 网络设备、操作系统、数据库系统和应用系统的鉴别信息、敏感的系统管理数据和敏感的用户数据应采用加密或其他有效措施实现处理、传输和存储的保密性；

② 当使用便携式和移动式设备时，应加密或者其他有效措施存储敏感信息；

③ 用于特定业务通信的通信信道应符合相关的国家规定。

第二节 信息技术风险的影响

保理业务相关的信息技术系统，包括信贷风险管理系统(图 7-2)，应具有高度灵活性、适应性和扩展性，可以将系统的功能模块化、灵活组合，系统的特点表现在以下方面。

(1) 支持多元保理产品体系；

(2) 支持多元额度管控体系；

(3) 支持多元组织机构和流程管理；

(4) 支持网银、电子交易平台系统、物流系统等灵活接口；

(5) 支持贷前客户信用评估和贷后五级分类等风控措施；

(6) 支持大数据与互联网金融背景下的保理业务创新。

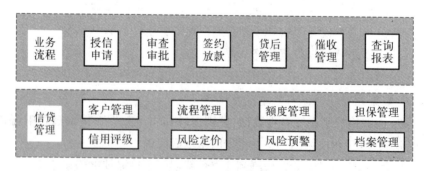

图 7-2 保理信贷风险管理系统功能框架

一、额度管控

信贷风险管理系统(本节简称：系统)应支持保理业务操作中的各项额度控

管,规范并统一额度处理级别及处理办法。系统能对所有额度的有效性进行实时监控,并支持异常提醒功能。如额度不足或未生效或已到期或已冻结时,系统能够提醒并阻止交易的进行。

额度控管需要基于客户和交易两个角度。一方面,额度控管的对象应覆盖卖方客户、买方客户、保理公司;另一方面,支持基于交易的关联额度控制。

额度控管的范围需要包括:单保理案中的卖方预付款融资额度、买方信用风险额度及买卖方关联额度;双保理案中的卖方预付款融资额度、合作保理商的信用风险担保额度及买卖方关联额度。

保理业务信息系统应实现与信贷风险管理系统的接口。卖方客户的预付款额度、买方客户的信用风险担保额度及合作保理商的信用风险额度由信贷风险管理系统集中控制,保理业务信息系统也记录这些额度(与信贷风险管理系统保持一致),用于保理业务信息系统内的控管;买卖方关联额度由保理业务信息系统控管。

除了额度控管的需求,保理业务信息系统还需要监控的风险包括业务风险和操作风险。

关于额度申请及核准的电子化流程。买方和卖方建立交易对手方的额度,进行统一授信,客户经理先将客户的保理授信额度或融资额度申请报风控部门,以发起额度的系统审批流程。客户管理与信贷风险管理系统做接口,通过额度共享方式控制风险。系统中的每个客户的额度是根据业务品种不同设立的不同额度组合,每个保理额度包括保理业务种类、卖方及买方名称、额度金额、期限、费率、协议版本及特殊事项等,因此,系统中的额度设置要与产品相关联。

二、风险监控与预警

风险监控与预警,包括以下几个方面。

(1)风险监控,确保系统运行符合保理的业务规则。系统需要按照业务规则对应收账款、保理预付款、担保付款等信息进行风险监控。

(2)风险预警,确保业务人员了解交易的风险情况。系统要需要按照风险监控与预警的规则进行应收账款逾期前预警、担保付款前预警、额度到期预警、合作机构额度占用预警、商业纠纷预警、溢支预警、逾期后预警、发票异常预警等。

(3)与业务系统接口,符合风控要求。系统应通过与保理业务信息系统的对接实现相关风险的控管,诸如:五级分类等。

三、操作风险防范

操作风险管理需要涵盖以下几个方面。

（1）关键环节控制。系统需要对保理业务操作中的应收账款转让、预付款支用、客户还款、商业纠纷处理、担保付款等关键业务环节，都要实施相应的风险控制措施。

（2）关键信息输入控制。系统需要在保理业务操作过程中对诸如客户账号、发票编号、发票到期日、开票日、应收账款、发票面额等关键信息按照一定的约束条件和关联关系进行综合分析判断，以便及时发现其中的相互矛盾，对与存在相互矛盾及不符合规范要求的信息严格禁止录入。

（3）信息交互风险管理。在保理账务、额度、客户等数据与诸如总账系统进行交互时要严格控制信息风险，提供对账、数据校验等方式进行数据比对。

（4）错误操作管理。错误操作管理要求能够按照尚未放行、已经放行、当日发现、隔日发现等不同状况的错误进行错误纠正处理。

（5）业务操作方式。保理业务操作实行"双人双岗"，即操作人员处理交易信息后，需经复核人员复核放行后方能生效，但复核人员无权直接处理交易信息。系统需要通过流程的控制来支持所有关键操作的复核要求。

四、大数据对保理信息技术的影响

通过大数据的建模分析，进行风险可疑数据的抓捕，发现异常的或有风险的操作行为，从而根据风险级别不同进行不同的处理。

尤其是利用数据挖掘技术，建立针对企业申请评分模型、授信模型、现金流量模型等，评估企业发展趋势和动态更新模型，预测企业的违约风险概率。具体模型可利用 Logistic 回归来计算企业在未来一定时期内的违约概率，以便用于企业的信用评估。同时，基于供应链企业的历史交易数据，利用 VaR 方法计算一定时期内企业交易面临的可能的最大损失金额，从而了解企业正在进行多大风险的交易，以作为保理业务是否开通的评判依据。

1. 信息技术正在不断推动保理业务创新

保理业务的创新发展，越来越离不开信息技术的应用。一方面传统的保理业务模式必须与互联网和数据库技术相结合，以实现对买卖双方交易付款准确数据的及时全面收集和过程监控，实现对信用风险的有效管理，也才能向商业银行等金融机构进行再保理或投保信用保险公司,突破保理公司自身的融资瓶颈。目前,许多保理公司已经开始积极探索传统商业保理产品、传统融资产品与电子商务的融合之路。将IT技术与金融、贸易、物流、信用风险管理、电子商务相结合,实现资金流、信息流、物流的"三流合一",创新设计出全新的金融交易电子商务平台。另一方面,第三方支付机构,如:快钱、支付宝等,电子商务网站,如:京东商城,也纷纷加入保理行业,发挥其在电子支付、电子商务和信息技术服务方面具有的数据信息优势,开拓出了商业保理的新业态。虽然电子商务型的商业保理目前不可能完全取代传统型的商业保理业务,但正像电子商务对传统商业、互联网金融对传统金融的冲击一样,电子商务型的商业保理的前途将不可限量。

在商业保理业务中,保理公司要承担供应商交易对手的信用风险,因此,对买方进行资信调查和信用评估,是控制应收账款风险的关键措施。但是,保理公司普遍缺失有效的信用风险评估手段和工具。由于中国的社会信用体系尚不健全,保理公司难以取得非上市企业的经营和财务等非公开信息,加之保理公司不被允许进入央行征信系统查询信息,无法对买方信用状况进行分析。在债务人信用评估评级技术上,目前绝大多数保理公司缺乏科学的、高精度的企业信用评级技术和模型,保理公司对信用风险进行分析时主观因素、人为因素较大。因此,保理公司迫切需要提高信用风险评估分析能力。

采用云计算技术,完善风险管理、账户管理、在线融资、经营管理及交易撮合服务,更可实现资产、资金的高效配置等。例如,大型的B2B电子商务交易平台,有很多行业的批发商、零售商,不同业态的交易数据、结算数据、库存数据等,这些数据是对零售业上游的中小微企业进行保理融资业务的重要依据。

保理作为金融创新,融合了融资、担保、账户管理等不同业务,囊括了买方、卖方、担保方等不同主题,包括信用风险、操作风险、法律风险等不同风险的管理,具有多业务、多主体、多类风险的特征,通过将客户的授信信息、交易信息、上下游企业的信息汇聚在一起,围绕实际的交易和实际的需求,以物流为主线、采集信息流、展开现金流,将等级较低的卖方信用通过一系列交易安排和法律架构转换为等级较高的买方信用,既降低信息不对称,又创造了一种有效的风险管理技术。这种金融创新,根植于实体经济的需要、根植于风险管理的实质创新,不是为金融而金融、为创新而创新,是一种实体经济和金融市场所需要的创新,这种创新应当成为金融市场的主流。

以第三方支付机构为例,海量的支付数据,隐藏着大量的有价值的数据信息，将这些有价值的信息分析、挖掘出来，可以推动在风险管理方面的创新，大数据有利于实现支付风险识别与监控，掌握商户、支付交易的风险特征。支付数据是第三方支付机构的重要资产，数据的真正价值在于能够识别风险的机会，大数据在加强风险管控、业务创新等业务转型中将起到重要作用。可见，大数据应用已初步形成规模，一些第三方支付机构取得了良好的应用效果，形成了一些较为典型的业务模型。

2. 大数据应用对开展商业保理业务的意义

借助大数据应用，保理公司可在客户授信审查、业务真实性判断、风险分析与预警等方面进行大幅成本优化，并依靠信息化系统简化操作环节，提高业务的标准化、自动化程度，从而弥补传统保理服务的短板，开创全新的保理业务，其意义包括了以下方面。

（1）降低操作风险和操作成本，突破商业保理业务发展的瓶颈。商业保理业务需要对企业应收账款、资金流和信息流等进行严密的监测和管理，保理业务应收账款的电子化确认和勾兑，可大大降低操作风险与操作成本。

（2）节约管理成本。实现保理业务的无纸化电子作业，解决操作环节的风险控制问题，规范管理授信敞口、价格波动、回款等关键信息和环节，大大节约了管理成本。

（3）适应大数据时代互联网金融的变革趋势，保理公司在IT技术方面保持领先优势，也是核心竞争力之一，互联网金融的出现必然会带动保理业务的创新。

大数据的应用，可突破中小企业应收账款实行保理业务的障碍。按照现有商业银行标准，许多中小企业"小、频、急"的应收账款无法有效纳入保理融资服务范畴，导致中小企业的应收账款一直处于"无效"状态。通过大数据的应用，保理业务可以在风险防范、业务流程等方面创新有所突破，尤其是对中小企业的应收账款，可实行保理服务的覆盖。

在很多行业，中小企业的单笔应收账款均存在"小、频、急"的特征，即单笔金额小（单笔仅几千元甚至几十元）、发生频率高（每天都有交易及对应的应收账款产生）、周转速度快（账期仅1个月甚至几天），从而造成现有保理业务对应收账款的覆盖率较低。保理公司开展创新的保理融资服务，最大限度地解决了信息不对称的问题。卖方经营状况的真实客观性、买方企业经营的稳定性、贸易回款的确定性、买卖双方交易的真实性等，都在大数据下被透明，形成了建立在完整数据支持的、基于客观事实的决策机制。

通过大数据技术,可建立对具体行业的经营情况、收益水平的数据或指标的采集比对,判断买卖双方所处行业的景气度。通过对卖方、买方完整的购、销、存数据的监测、判断其经营情况。通过对买卖双方连续、大量、丰富的交易数据进行关系钩稽,识别其交易的稳定性及交易背景的真实性等,从而高效地进行业务风险识别及防范。在数据样本足够大、数据类型足够丰富、数据来源真实可靠的基础上,保理公司可快速获得高价值信息,进而集中锁定特定客户群,有针对性地批量获取客户。并且,在大数据支持下建立特定的风险评估模型,更有助于对保理业务整体风险的防控。

3. 大数据在商业保理业务中的主要操作点

保理业务信息系统是保理公司的核心竞争力之一,甚至可以成为最难以复制和模仿的核心竞争力。在建设基于大数据的保理业务信息系统过程中,主要的操作要点如下。

(1) 要实现 IT 信息系统和业务的全面整合。

保理业务信息系统有效的整合行内外信息系统和业务资源。通过智能端口提取外部核心企业、物流机构、交易平台和融资客户供应链相关信息,同时整合客户关系管理系统、会计核算系统、ERP 系统的信息资源,建立基于供应链全流程的现金流、物流、信息流的云平台,使 IT 信息资源的利用能紧贴市场和业务发展的需求。

(2) 支持线下和线上的多种业务模式。

保理业务信息系统除实现对传统线下供应链的作业和管理作业外,同时有效利用互联网金融特征,实现在传统模式下无法实现的金融服务或产品创新。

(3) 系统对接。

根据核心企业、物流机构、交易平台和数据结构特征设计智能化的差异端口,可采用银企直连、网银等模式,客户不用改变数据格式,即可完成信息的交付,将二次开发量降到最小,全面提升用户的使用体验。

(4) 风险云端控制。

商业保理业务信息系统利用"云计算"技术,动态抓取分散在各个系统中的监管要素,实现风险敞口自动计算和控制。按照:

账款价值(核心企业)×折扣率+货权价值(监管方)×折扣率+其他担保控制物价值(保理业务信息系统)×折扣率+保证金价值(信贷系统)≥授信余额

（信贷系统）的公式，动态计算、控制客户可使用授信敞口的上限。

（5）融资实时申请。

通过保理业务信息系统打通银行网银系统、信贷系统等，实现全自助融资的通道。核心企业可在交易平台上在线确认应收账款，并自助申请融资，保理业务信息系统受让确认后，信贷系统全自动发放贷款。在数据完备时，企业线上融资业务最快可和结算业务一样，在 1 分钟之内就能审批放款。融资申请的办理效率按"小时"计算，大大提高了传统信审和放款的效率。

（6）预警实时触发。

保理业务信息系统具备多元化的实时预警功能，包括：对风险敞口控制的触发式预警；对应收账款控制要素管控要求的定时预警；对应收账款到期、结算账户回款的动态预警；对核心企业整体风险状况和限额的批处理预警；连接信贷风险系统获取客户资信情况和风险因素的预警等。

（7）企业 ERP 系统数据接口规范。

通过企业 ERP 系统来监管保理业务，是近几年来的信息化风险管控的探索手段之一，ERP 系统对企业包括物流、资金流、信息流在内的全部生产经营活动的全面记录，保理公司通过 ERP 系统的对接，可以对重点经营指标进行监测，以此作为风险控制手段。

只要企业有成熟 ERP 系统，已嵌入日常经营管理过程中，能够支持全流程监管，而且 ERP 软件开发公司资质优良，就可以将 ERP 系统监管作为授信的主要或唯一担保方式。授信企业的信用风险是保理业务操作中的主要风险之一，对此，通过严格设定准入门槛的方式，从源头上予以防范信用风险。要求授信客户具有丰富的行业经验，且有良好的商业信用积累，同时成功启用知名的企业 ERP 系统。采用基于 ERP 系统监管的保理融资方式，从一定程度上降低了企业发生信用风险的概率，同时辅以对企业 ERP 系统的监管，大大提高了企业违约成本。

由于 ERP 系统本身可能存在一定漏洞，企业操作人员操作失误等客观原因均会使系统数据产生一定的偏差，因此要求 ERP 系统为业内知名公司开发，企业已完成对系统的测试且正常运行两年以上，系统运行情况良好。人为篡改 ERP 系统的成本极高，因此，操作风险理论上存在，实务中可能性较小。

对于事中监控：保理公司对企业 ERP 系统实施定期（每日）监控，对重点指标予以关注，并监测企业运营情况的异动。对于重点指标不满足要求或企业生产经营出现重大不利变化,立即启动现场监控等措施。

对于事后控制：在实际业务发生后再分析比较与预期目标之间的差异。对于企业发生的单笔采购、付款、生产、销售、收款等行为,采取事后控制措施。

第三节 信息技术风险的管理

一、保理业务信息系统功能框架

保理业务信息系统的业务管理功能模块,主要包括：客户管理、合作机构管理、额度管理、合同管理、应收账款管理、费用管理、商纠管理、逾期管理、账款异常调整管理等,主要框架性功能如下(图7-3)。

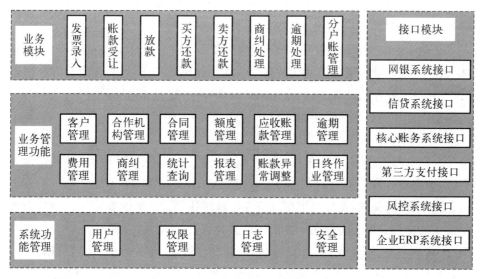

图7-3　保理业务信息系统功能框架

（1）客户管理：对核心企业和上下游客户的基本信息、签约关系、账户信息进行管理。

（2）合作机构管理：对于合作银行、保险公司、监管机构等机构的基本信息、账户信息进行管理。

（3）额度管理：对客户额度、买卖方关联额度等进行维护管理。

（4）合同管理：对于保理服务合同及其附属合同、额度通知书等合同信息的管理。

（5）应收账款管理：包括发票的录入、转让等销售分户账的管理。

（6）费用管理：包括客户、保理公司、银行合作机构等的费用结算。

（7）商纠管理：对商业纠纷进行管理。

（8）逾期管理：包括应收账款逾期、预付款逾期等，需实现账款逾期的预警提示。

（9）账款异常管理：包括卖方还款、买方还款、卖方回购、账款调整、担保付款等异常操作的管理，涉及异常的预警等功能。

二、保理业务信息系统的业务模块

保理业务信息系统建设，可涵盖多种业务类型，支持：国内和跨境保理，有追索权和无追索权，单保理和双保理，回购型和买断型，融资和不融资，仅提供收款服务或应收账款管理等业务类型。

保理业务信息系统的整个电子化操作，要符合业务运作需求，从客户信息等基础数据维护，录入发票信息，应收账款转让，融资放款，再到买方或卖方客户还款，账务核销处理，后续还包括账款异常处理、商纠处理和逾期处理等，全程电子化的操作。各模块的具体功能说明如下。

1. 客户管理

客户基础信息维护中，包括：客户基础信息新增录入，企业相关证照影印件上传，绑定核心供应链企业与上下游企业之间的交易关系，交易关系与业务类型、结算账户等关联，业务系统在做应收账款转让、放款、额度管控等环节均会校验绑定的交易关系是否存在。客户信息其他可以录入的数据项有：供应链客户编号、客户名称、结算账号、开户行名称、开户行地址、业务类型、客户信用评估、是否担保、是否买方维护、担保额度、其他描述等，支持信息的修改、查询、删除。

客户管理，贯穿整个保理业务信息系统，实现保理业务的台账处理、业务操作、额度控管、账务处理等业务操作与客户管理模块的高度关联，并将客户维度的统计分析、综合查询、业务申请与审批进度查询、业务操作等电子化交互提供支持。

2. 发票录入与应收账款转让

业务系统可以全面记录贸易内容，并可以保存应收账款的发生日期、结算日期、发票号、合同编号等内容。支持买卖双方共同维护应收账款数据,卖方将应收账款录入系统后,自动传送至买方,并转变为买方的应付账款信息,通过便捷的支付手段,买方可直接根据应付账款导出支付指令,通过银行企业网银系统付款,以简化支付操作。

查询功能:应收账款的详细信息可通过"起始日期""结束日期""最小应收款金额""最大应收款金额"等条件进行简单查询。

高级查询功能:除以上简单查询的条件之外,还支持通过"买方名称""发票号""贸易合同号/订单号""起始时间范围""交易状态""发票状态""应收款状态""记录状态"等条件进行进一步更精确地查询。系统会自动筛选状态为"未转让"的应收款。

对于公开型保理,卖方发起保理申请后,买方可直接在系统上查询该笔保理业务信息,并进行债权转让确认。买卖双方随时查询融资、销账、债权转让等相关业务信息。

对于双保理业务,买方通过"业务明细""附件""应收款信息"查看该笔应收款的详细信息,并可输入同意或否决的意见。买方同意后,保理公司端操作转让,应收款交易状态变为"待银行确认"。

由企业客户发送电子指令,对已登记的应收款发起保理融资申请,系统支持一次性经办多笔应收款的融资。客户可以查看申请业务的整个审批流程节点与审批状态。可以查看在系统中设置的办理保理业务的额度。保理业务信息系统支持所有保理业务种类,包括有追索权、无追索权、公开型、隐蔽型、融资性及非融资性保理等。

① 保理业务类型:可选择"公开型""隐蔽型"。

② 账户信息:在账户信息维护中,选定可以使用的结算账户,并可以查看该账户的明细。

③ 保理额度编号:客户在保理公司申请保理额度时的编号。

④ 业务参考号:由系统自动生成。

⑤ 自定义描述:客户可自行添加对应收款状况的说明。

⑥ 上传附件:可以将申请所相关的贸易背景资料如贸易合同等通过附件上传。

⑦ 可以通过"业务明细""业务流程""附件""应收款信息"查看每笔应收款的详细信息,并可输入同意或否决的意见,审批意见在同意或否决后经办人员可

见。对公开型的保理,交易状态变为:"等待确认",需要买方通过"买方债权转让确认"确认后方能进入保理公司端的审批。对隐蔽型的保理则无须买方确认。

⑧ 对于还未复核的应收账款交易,支持可撤销。通过"查询"找到需要撤销融资或销账的应收款信息,点选"业务明细""业务流程""应收款明细"查看更详细的信息。点击"撤销"即可将应收款融资或销账经办撤销。

⑨ 系统需自动扣减买卖方关联额度,并从信贷系统更新最新的客户融资总授信余额信息。

⑩ 业务手续费=发票转让金额×手续费率;单据处理费=转让笔数×单据处理费/笔。费用结算方式支持"转让时收取",系统需自动生成《保理费用明细表》给客户,以便对账。

3. 买方还款

业务系统中,可以选择买方还款的客户,查询买方还款明细。选择全部,查询卖方客户关联的所有买方客户在保理业务项下的还款信息。选择某一买方客户,查询所选买方客户在保理业务项下的还款信息。可输入查询的起始日期和终止日期,查询时间范围内的买方还款明细等信息。

买方付款至保理专户后,运营操作人员需进行应收账款的核销操作,若有尾款,则返还给卖方客户。这些操作需要进行复核后才生效。

核销应收账款:系统自动列出未还款的发票明细;点击发票号可以查看发票的明细。运营操作人员可以选择"自动核销账款",系统根据实际还款总金额自动选择离发票到期日最近的发票进行核销,操作人员确认后完成账款核销;运营操作人员也可以通过发票列表前的复选框来选择想要核销的发票。系统还应该支持导入还款明细文件(如来自买方的 Excel 格式的还款明细)的方式核销应收账款。

应收账款核销后,系统需自动恢复买卖方客户的关联额度,即卖方预付款额度和买方的信用风险额度,并与信贷系统对接,更新买卖双方的总授信余额;系统自动生成《应收账款核销明细表》并发送给客户。

尾款汇出:若核销账款和相关费用后,账款还有剩余,则余额需汇入卖方客户账号。系统将实际汇出金额通知放款中心,放款中心将账款汇出。

4. 费用结算

业务利率和手续费率,根据客户合同中的约定,由运营专员在系统中维护录入,手续费率须对应相关的业务类型和交易对手,利息收入由核心账务系统统

计,保理业务信息系统可利用账务系统的原始数据进行查询和分析。保理费用的结算支持多种手续费的计算方式,包括:

① 手续费＝转让金额×手续费率;

② 手续费＝融资金额×手续费率;

③ 手续费由操作人员手工计算并录入。

系统自动生成《保理费用明细表》并发送客户以核对,并与核心账务系统对接,通知其从相应的账号收取保理费用。

5. 账款异常与调整

系统灵活支持账款异常情况下的调整,包括:间接还款、卖方回购、担保付款等调整处理。

(1) 间接还款。包括:买方直接将账款汇入卖方的保理专户;买方将账款直接汇入卖方的银行结算户。操作人员在收到卖方的间接还款通知单和还款明细后,进行间接还款信息的登记,经复核通过后,系统完成应收账款的核销操作。

(2) 卖方回购。需支持反转让发票的筛选原则:

① 有追索权业务:应收账款逾期发票,且回购宽限期满。

② 无追索权业务:应收账款逾期的商纠发票,且回购宽限期满。

系统生成《应收账款回购通知单》给卖方,卖方还款完成后,操作人员录入反转让金额和原因,完成反转让操作。系统自动恢复客户的买方信用风险额度(关联额度)。

(3) 担保付款。若为单保理,即买方的信用风险由保理公司承担,则担保付款前需与核心系统对接,进行垫款发放操作;若为双保理,即买方的信用风险由银行承担,则担保付款的信息由银行提供,待操作人员确认担保付款的款项入账并核对后,完成担保付款的核销操作。商业银行也可通过 E-mail 或传真等方式通知保理公司,保理公司核对实际入账信息后,进行担保付款的核销操作。原则上担保付款金额＝待付款的账款总额×承保比例－自负额。

6. 商纠处理

在系统中,选择想要做商纠查询的买方客户。若选择全部,则查询卖方客户与关联的所有买方客户在保理业务项下的商纠信息。若选择某一买方客户,则查询卖方客户与所选择买方客户在保理业务项下的商纠信息。再输入查询的起始日期和终止日期,点击查询按钮,可进入商纠查询结果信息页面。

(1) 当卖方提出纠纷时,操作人员根据客户提供的纠纷文件设定发票纠纷。

（2）当买方提出纠纷时，若为双保理，则纠纷发票的明细由系统自动发送《商业纠纷通知书》给卖方，若发出后 60 天，卖方一直未回复商业纠纷处理意见，需进行反转让的操作。纠纷发票明细：操作人员通过发票号、发票日、到期日等进行筛选，以快速确定需要进行商纠设定的发票。操作人员点击发票号，系统显示发票明细，并可提示录入纠纷明细。

（3）如应收账款办理融资后发生商业纠纷，系统应做出相应的提示。若为有追索权，则通过系统发出催款通知要求客户返还融资款；若为无追索权，则应于发生商业纠纷 30 天内发出催款通知，要求客户返还融资款。

7. 逾期处理

在系统中，选择要做逾期到期应收账款明细查询的买方客户，并输入逾期范围的天数。若选择全部，则查询在逾期范围内针对所有买方客户的逾期/到期应收账款明细信息。若选择某一买方客户，则查询针对这一买方客户在逾期范围内的逾期/到期应收账款明细信息。点击查询按钮，进入逾期到期应收账款明细查询结果信息页面：

（1）逾期信息：操作人员进行逾期操作。点击逾期金额，系统进入不同的逾期明细页面。

（2）应收账款逾期：应收账款逾期天数＝当前日期－发票到日期；系统应能对账款逾期做出提示，并冻结为该买方核定的所有额度，及以该买方为付款人的所有发票项下的预付款可支用余额。

（3）预付款逾期：预付款逾期天数＝当前日期－（融资到期日＋融资宽限期）；系统应能对预付款逾期做出提示，并冻结为该卖方核定的所有额度。

（4）商纠逾期天数＝当前日期－商纠日。

（5）由于实务操作的多样性，账款逾期后，系统不进行自动催收的设置，均由操作人员进行手动催收。

（6）系统与核心账务系统对接，自动实施会计账务逾期处理。

8. 其他

（1）会计核算。与会计账务系统接口，根据保理业务会计核算手续，结合会计系统自身功能，在保理系统中实现各项业务全部自动记账，对保理项下争议、间接付款、担保付款及反转让等情况，根据业务人员处理结果录入系统后，由系统做相应处理。

（2）应收账款的管理及催收服务。保理系统每日应根据应收账款的期限不同自动提示应催收的发票,由业务人员确认发票及催收内容(系统自动生成)后,由系统自动向买方或买方保理商发送催收报文。根据业务需求及客户要求,系统提供应收账款及销售分户账管理功能,并为银行和客户提供各类报表。

(3) 与清算系统接口。使资金及时到账,及时清算。

(4) 与第三方系统接口。保理业务信息系统以统一接口实现与关联系统对接的数据交互、流程交互,快速实现保理业务电子化操作流程。保理业务信息系统以通过网银和(或)银企直连方式与B2B电子商务平台、核心企业的ERP、物流公司的物流管理系统、大宗商品交易市场、第三方供应链协作平台等渠道连接,形成贸易信息批量导入,在线业务申请、账户查询、指示付款、物流监管、指示发货等业务处理自动化,实现包括商业银行、保理公司、核心企业、物流监管企业在内的全流程电子化。

三、保理关联系统硬件物理架构

根据保理业务的系统现状,系统网络架构一般如图7-4所示。

部署两台保理业务应用服务器,该两台服务器实现双机负载均衡,单点故障恢复。部署两台WEB服务器分别作为主备服务器使用。系统采用B/S架构,核心企业和上下游企业、保理公司运营人员可通过WEB终端,监控和管理保理业务信息系统运行。保理业务信息系统统一部署后,可带来以下几点优势。

(1) 合理高效的利用系统资源,避免系统资源的不合理分配而导致的浪费。

(2) 运维技术人员,只需维护统一的服务器,大大减低了运维成本的投入。

(3) 系统通过双机负载均衡方式,保证业务7×24小时不间断运行。

系统采用Web服务器+应用服务器+数据库服务器的模式,并且这些服务器分别部署在单独的硬件服务器上。

(1) Web服务为接收http请求并转发应用服务器之用。

(2) 应用服务器,即部署着保理业务信息系统应用程序的容器。

数据备份和恢复应满足以下要求。

(1) 提供自动机制对有保理业务相关的信息进行本地和异地备份。

(2) 提供恢复重要信息的功能。

(3) 提供重要网络设备、通信线路和服务器的硬件冗余。

(4) 提供重要业务系统的异地数据级热备份。

(5) 根据数据的重要性和数据对系统运行的影响,制定数据的备份和恢复策

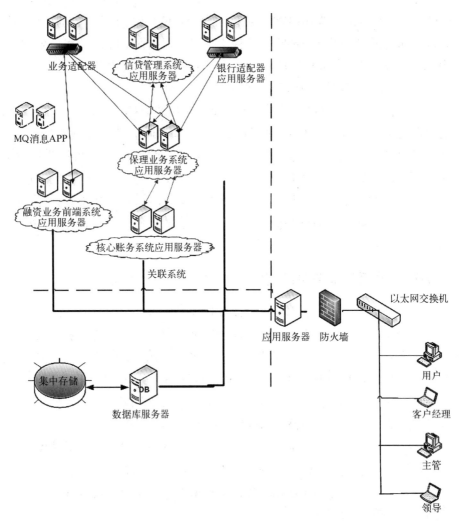

图 7-4 保理业务信息系统网络架构图

略,指明备份数据的备份方式(如增量备份或全备份等)、备份频度(如每日或每周等)、存储介质、保存期、放置场所、文件命名规则、介质替换频率和数据传输方法。

(6) 指定相应的负责人定期维护和检查备份及冗余设备的状况,应定期执行恢复程序,确保可以在恢复程序规定的时间内完成备份的恢复。

(7) 建立详细的数据及系统备份和恢复的制度和流程,记录详细的备份过程,妥善保存所有记录。

性能要求:保理业务信息系统在交易峰值压力下的 CPU 和内存占有率不得高于 75%。系统在断电、断网、参数错误等异常情况下不会出现不可恢复的数据错误、访问权限降低等异常问题。

第四节 信息技术风险案例解析

一、案例一:机票代理人保理业务

(一)案例介绍

某航空股份有限公司,是中国三大航空运输企业之一。截至 2014 年年末,总资产约为 1 500 亿元人民币,每年为全球 7 000 万人次的旅客提供服务。

尽管中国航空机票市场保持逐年稳定增长,但中国各航空公司由于运营成本居高不下,加上机票销售渠道竞争日趋激烈,该航空股份有限公司迫切需要盈利以保持财务健康水平。同时,中国的大型机票代理人也正逐步向差旅服务或综合旅游服务方向上转型,该航空股份有限公司也想保持与大型机票代理人的紧密合作关系,而中小机票代理人或面临被收购或被淘汰的局面,预计到 2020 年,航空机票市场的产业链变革趋势是最终促进销售渠道的集中化、互联网化。

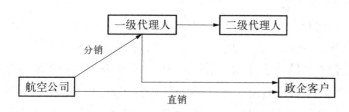

图 7-5 航空机票行业产业链示意图

根据航空机票行业产业链示意图(图 7-5),我们可以了解该行业的大致产业链结构。

1. 机票代理人

航空机票分销市场中,存在多级代理人(一般按用户资源的多少确定代理级别),分销渠道的所有机票先流入一级代理人,并经过层层代理商分流至乘客。由于中国民航信息网络股份有限公司(以下简称中航信)是 BSP 票(分销系统出票)在国内的唯一总代理,因此所有一级代理人都必须获得中航信的认证,国内的一级代理人目前大致可以分为两类。

一类是传统代理,包括大型旅行社、机票代售点、航空公司下属的第三产业等,分销了全市场大约70%的机票,目前国内共有约5 000家传统代理商,市场较为分散,集中度不高。

另一类是在线旅行预定商,通过网站代销机票、酒店、度假等旅行相关产品,分销了约30%的机票,目前国内共有约50家在线旅行预定商,市场高度集中于前三家网站:携程、e龙、去哪儿。

2. 政企客户

指党政机构、大型企事业单位、社会团体或组织等,有较大的机票消费量。对于机票代理人来说,开发政企客户市场的根本目的在于此类客户是大客户、预期收益高,因此可以提高航空机票代理人的整体收益水平,使机票代理人成为政企大客户购买机票的首选。政企大客户作为机票消费群体是机票代理人预期利润的主要来源。

同一张机票,可以在航空公司与中航信、中航信与一级代理、一级代理与二级代理、二级代理与乘客之间流转3—5次,而机票每流转一次将发生一次支付结算。因此,尽管国内航空客运的出票额仅为3 000亿元人民币,但航空机票市场的支付结算规模于2013年达到了约8 000亿元人民币(考虑到每张机票的流转次数约为2—3次)。

由于机票代理人的资金压力大,直接影响机票采购量。机票代理人迫切希望能够解决资金压力,以进一步扩大销售规模,提高资金周转效率。但机票代理人一般都是轻资产的小企业,无抵押品,因此,很难从商业银行获得贷款。快钱保理通过与该航空股份有限公司合作保理业务,可以为代理人授信,减小代理人的机票采购资金压力,充实现金流,扩大代理人的出票量,同时也为该航空股份公司减少应收账款,优化财务报表。

(二)该航空股份有限公司对支付结算的需求

1. 该航空股份公司的需求

(1)扩大销售量。迫切希望扩大航空机票市场的占有率和销售规模,能够解决代理人的资金压力,以降低销售渠道的成本,与渠道形成稳定的销售链条,共同发展。

(2)实时结算,加快资金周转。为加快资金回笼速度,降低运营风险,完成航空公司 B2B 出票实时结算。

2. 一级代理人的需求

(1) 缓解资金压力。机票一级代理人的政企客户,都采用月结等方式,导致资金的回笼有账期。

(2) 票实时结算,对一级代理人的资金垫付压力非常大,直接影响了代理人的 B2B 采购量。一级代理人迫切希望在采购 B2B 票中能缓解自己的资金压力,提高资金周转效率。

3. 政企客户的需求

降低商旅成本,采用月结方式,享受更多的增值服务。

(三) 快钱保理解决方案

(1) 卖方:该航空股份有限公司(买方一级代理人)、一级代理人(买方政企客户)。

(2) 业务类型:有追索权保理。

(3) 销售产品与服务:国内各航线机票。

(4) 买方:一级代理人、政企客户。

(5) 融资比例:不高于 80%。

(6) 授信条件:以机票代理人的行业资质,和其服务的政企客户数量与资质,以及机票代理人的历史机票采购数据为基础,由快钱保理为机票代理人核定一个保理融资额度。

表 7-1 授信条件情况

代理人资质	准入年限	自营资金年交易金额	总授信额度测算依据
一级代理人	3 年以上(含 3 年)	3 000 万	依据中航信系统数据连续 12 个月平均交易量的 30%

(7) 授信方案设计。

快钱保理与合作银行基于代理人的历史交易数据、代理人的信用度等资质证明材料,发放授信额度(表 7-1)。代理人的授信额度,一般参考中航信系统的交易数据,连续 12 个月平均交易量的 30% 进行测算。机票代理人授信期限最长 3 个月,还款方式随借随还。

(8) 定价:以央行公布的一年期贷款基准利率,上浮 15%—30%。按照授信资金的交易额的 0.3% 收取交易手续费。

(9) 主要业务流程。

① 政企客户通过呼叫中心、代理人网站等方式向机票代理人预订机票；

② 机票代理人按照政企客户的预订信息出票；

③ 机票代理人将政企客户订票信息提交给快钱保理；提交方式支持手工批量和系统接口提交；

④ 政企客户在快钱保理系统登录，确认订票交易；机票代理人将应收账款转让给快钱保理；

⑤ T+1日，快钱保理将经过交易真实性校验的机票对应的款项支付到机票代理人快钱账户中，或直接结算至航空公司的快钱账户，定向用于机票代理人的机票采购；

⑥ 政企客户按照账期约定，还款到合作银行指定账户；

⑦ 快钱保理核销应收账款，分别恢复机票代理人和政企客户的额度。

(10) 保理业务开通条件。

① 该航空股份公司和代理人间必须存在长期稳定的交易关系；

② 授信期限是一般3—90天。授信额度是循环额度，可以循环使用；

③ 代理人的授信额度高低取决于与航空公司的历史交易情况；

④ 给代理人的授信额度只能用于向航空公司进行机票采购，不可以进行他用；

⑤ 订单结算，快钱保理将对应的订单金额直接结算给航空公司，不入代理人的账户，资金封闭运行；

⑥ 订单必须得到政企客户的确认，快钱保理也会通过航信系统验证订单真实有效性；

⑦ 该航空股份公司一次性推荐多个机票代理人来进行融资，以降低系统性风险；

⑧ 该航空股份公司承诺对机票代理人的还款有连带担保责任，机票代理人的法人代表或者实际经营人必须提供个人无限责任担保。

(四) 案例解析：快钱保理的信息技术优势

快钱保理分别与中航信BSP、某航空股份公司的B2B出票系统完成信息技术层面的对接，在线监控和核对代理人出票的真实情况。授信资金定向支付，封闭运行，实现专款专用。

1. 授信额度审批简便

(1) 代理人无须提供固定资产抵押或者第三方担保，只要提供必要的资料，注册快钱保理服务平台，系统自动审批额度，效率大大提高。

(2) 根据机票代理人的信用评分和历史交易记录给予高额的授信额度。

2. 多种账期，资金周转灵活

(1) 提供 T+1 天、T+3 天、T+10 天、T+30 天、T+60 天、T+90 天等多种还款账期，便于机票代理人资金周转（T 为交易日）。

(2) 适用于代理人向下一级代理人的分销模式，也适用于代理人与政企客户的直销模式，资金申请审核通过后，可实时到账。

3. 多重措施，保证交易安全

(1) 快钱支付账户做出款限制，只能够在该航空股份公司的 B2B 销售系统、中航信 BSP 出票系统中进行在线支付结算。

(2) 快钱支付账户与该航空股份公司的 B2B 销售账号绑定交易关系。

(3) 若发生退款，则原路退回到机票代理人的快钱支付账户。

4. 信息技术与风险控制

政企客户向机票代理人支付的航空票款作为第一还款来源；如发生到期而未能归还的情况，机票代理人在快钱的日常结算资金，作为第二还款来源进行还款。保理业务需对企业的账款、发票、资金流和信息流等进行严密的监测和管理，例如：应收账款的确认和勾兑，通过快钱保理与中航信出票系统对接，可大批量验证应收账款的真实性和有效性，加上买卖双方电子化确定应收账款信息，确保应收账款的真实性，买卖双方使用 CFCA（中国金融认证中心）的数字证书对应收账款信息进行电子签名，保证买卖双方的确认在法律上的不可抵赖性。

每笔应收账款信息全部在快钱保理业务信息系统中记录，包括：买卖双方电子签名的基础应收账款确认，融资申请和放款情况，还款核销情况等。所有应收账款信息对买卖方、资金方、增信机构等全部共享，让各方更容易掌握应收账款资产的情况。

(1) 快钱保理业务信息系统自动审核应收账款是否过期或者账期过长，审核通过的应收账款才能进行受让和融资。

(2) 快钱保理业务信息系统根据事前核定的买卖方的额度，自动检查并控制每笔应收账款是否可以被接受。

(3) 快钱保理业务信息系统根据事前核定的融资额度，自动检查并控制每笔融资申请是否可以被接受。

关于资产质量保障，快钱保理确保上下游企业相对分散，比如，该航空股份公司必须提供优质的 30 家一级代理人，每个代理人必须有 10 家以上的优质政企客户,这些政企客户要么是上市公司或跨国企业,要么是当地政府机关,针对上下游企业核对单独的额度,单家的额度不可以超过总额度的一定比例;针对风险可控程度的不同,快钱保理会为其匹配不同等级的担保方式,包括应收账款回购、买方股东或关联方连带担保,或引入信用保险、第三方担保等方式。

二、案例二:某品牌服装连锁特许经营店保理业务

(一)案例介绍

1. 公司背景介绍

某品牌服装公司,创立于1990年,是一家专业的体育用品公司,拥有品牌营销、研发、设计、制造、经销及零售能力,产品包括:自有品牌生产的运动及休闲鞋类、服装、器材和配件产品,主要采用外包生产和特许分销商模式,在中国已经建立庞大的供应链管理体系以及分销与零售网络。截至2014年年末,该品牌店铺在中国境内总数达到5 626家,其中超过85%是特许经营店。

中国运动服饰市场的增幅,每年保持20%以上的高速增长,运动服装市场吸引了众多国内外知名品牌的关注,耐克、阿迪达斯、锐步、彪马等国际知名运动服饰品牌,与李宁、康威、安踏、361度等国产体育品牌开展激烈的市场竞争。该品牌服装公司采用了"差异定价"的策略,在中国市场,该品牌服装公司于2011年超过了阿迪达斯,仅次于耐克,占据着国内市场份额第二的位置。

该品牌服装公司在战略上需要加强上游供货商的管理,将生产基地向中部地区转移,同时稳固下游的特许经营店体系,扩充新生力量,继续扩张市场份额。由于该品牌服装公司在香港上市,财报的数据是信息披露的关键部分,应收账款金额,在开展保理业务之前的2012年,大约13亿元人民币,占资产比例65%左右,绝大部分为应收特许经营店的货款。从应收账款明细来看,0—30天的应收账款比例为47%,31—60天的应收账款比例为24%,61—90天的应收账款比例为23%,仅有2%的应收账款落在120—150天账期之内。因此,该品牌服装公司的坏账率较小,坏账准备金在0.05%左右,但由于市场竞争激烈,各地特许经营店的销售形势都比较严峻,资金回款周期压力大。优化应收账款管理,对于该品牌服装公司有着非常重要意义。

对于该品牌服装公司而言,无论是一线城市的品牌渗透,还是二、三线乃至四线城市的市场渗透、新产品的研发,都需要大量资金的投入才能实现,这会促使其调整现有资金流转模式,缓解资金支出造成的财务负担,同时加快应收账款

的回收。因此,该品牌服装公司积极需求外部综合性金融解决方案,从而在不增加自身负担的前提下,通过加速供应链的资金周转,提高自身竞争力。

该品牌服装公司出于加快资金周转、优化财报的需求,需要在日常财务流程中计划核销大约 8 亿元左右的应收账款,因此,选择与快钱保理合作,进行上述部分应收账款的无追索转让,账期在 90 天以内,该品牌服装公司配合协调特许经营店承担相关的成本。

2. 快钱保理解决方案

快钱保理与该品牌服装公司合作,开展无追索权保理业务,该品牌服装公司将现在或将来的基于其与买方之间的商务合同所产生的应收账款转让给快钱保理,由快钱保理为其提供贸易融资、坏账担保等无追索权的综合性金融服务。

(1) 卖方:该品牌服装公司旗下的北京体育用品商业有限公司、天津体育用品有限公司。

(2) 业务类型:无追索权保理。

(3) 销售产品与服务:品牌服装、体育运动用品。

(4) 买方:特许经营店。

(5) 融资比例:最高不超过 80%。

(6) 授信额度:3 亿元人民币,可循环使用。

(7) 额度周期:最长不得超过 90 天。

(8) 定价:保理管理费按照每笔保理款的 0.5% 收取,手续费的收取方式,则向某品牌服装公司发放保理款时直接扣收。

① 快钱保理发放保理款之日(含)至保理到期日(含)期间的年利率为保理款发放当日中国人民银行公布的同期贷款基准利率向上浮动 10%;

② 若买方在保理到期日(不含)后还款,则快钱保理按年利率 18% 计息;

③ 快钱保理以实际融资天数计息,日利率=年利率/360,利息从买方付款中直接扣收。

3. 业务开通流程

(1) 该品牌公司推荐特许经营店。

(2) 快钱保理审批。

(3) 快钱保理向特许经营店邮寄应收账款转让通知书和 U-KEY 数字证书。

(4) 特许经营店返回纸质确认函(需盖章)。

(5) 快钱保理开通业务,特许经营店可登录快钱保理服务平台发起业务操作。

(说明:特许经营店无须提供大量资质审核材料,无须现场调查,极大程度地简化了服务开通流程。快钱保理业务流程依靠双方系统对接,利用信息技术控制风险,自动化处理程度高,不会增加现有流程运行的复杂程度。)

4. 应收账款转让

(1)该品牌服装公司按快钱保理要求,通知买方应收账款转让,并通知买方将相关款项支付至快钱保理指定账户(简称回款专户)。未经快钱保理的书面同意,该品牌服装公司不得擅自通知买方更改还款账户。

(2)该品牌服装公司必须按照快钱保理的要求下载数字证书,并对数字证书进行妥善保存。由数字证书遗失引起的纠纷由该品牌服装公司承担。

(3)该品牌服装公司配合快钱保理向买方发放数字证书。

(4)该品牌服装公司按照快钱保理的要求完成应收账款转让通知后,方可通过快钱保理融资平台申请应收账款转让融资。

(5)快钱保理在每受让一笔应收账款后,按应收账款金额相应扣减买方额度,同时应收账款金额加上未收回应收账款的金额不得超过买方额度。

5. 融资申请与发放

快钱保理在保理额度范围内向该品牌服装公司提供融资。每次发放的保理款金额不超过实际受让应收账款金额与融资比例的乘积。快钱保理将保理款金额从保理额度中扣减后,直接或者委托合作银行将保理款支付到该品牌服装公司指定银行账户(简称融资专户)。

(1)该品牌服装公司向快钱保理提交应收账款相关信息并申请转让,特许经营店登录系统进行确认。

(2)系统自动判定是否符合融资条件。

(3)融资款发放至该品牌服装公司指定融资专户。

6. 回款、尾款处理和催收

(1)特许经营店还款至回款专户。

(2)快钱保理进行还款核销,并恢复相应的买方额度和该品牌服装公司的保理额度。快钱保理先核销应从买方付款中扣收的保理手续费、利息,再核销应保理款。

(3)特许经营店足额还款后,快钱保理将尾款支付至该品牌服装指定账户。

(二)该品牌服装公司配合要点

明确该品牌服装公司需要配合的工作要点如下。

（1）确保只向快钱保理提供合作超过 5 年的特许经营店，并且有把握认为所推荐的特许经营店适合合作。

（2）确认在向快钱保理推荐的特许经营店在过去一年中，不存在任何逾期 30 日未回款的情况，也不存在由于逾期导致的重组和展期情况。

（3）若保理到期后，发生特许经营店无法或不愿还款的情况；

① 该品牌服装公司会按照合同要求配合快钱保理进行催收；

② 该品牌服装公司会同样追究特许经营店的责任，并要求特许经营店向快钱保理偿还已发放的保理款；

③ 该品牌服装公司将会执行快钱保理向该品牌服装公司发出的停止向特许经营店供货的书面通知。

（4）该品牌服装公司若拟与某特许经营店停止合作，将会提前 30 日以书面的方式通知快钱保理。

（5）如果某特许经营店在已转让给快钱保理的应收账款范围内发生退货，且保理款已发放，该品牌服装公司保证向快钱保理退回所涉及的保理款。

（6）若该品牌服装公司直接收到特许经营店在已转让给快钱的应收账款范围内的还款，且保理款已发放，则该品牌服装公司有义务立即通知快钱保理，并及时将款项全额划入快钱保理指定的账户。

（7）该品牌服装公司保证将继续筛选及监控特许经营店的经营，确保快钱保理融资的安全性。一旦快钱保理认定所转让的应收账款风险出现突然恶化或不可控的情况，即可以认定为该品牌服装公司对应收账款的管理责任懈怠，该品牌服装公司将在收到快钱保理书面通知的 30 日内承担全额回购责任。

（8）该品牌服装公司承诺不会对所涉及的特许经营店应收账款进行重复融资。

（9）该品牌服装公司申请转让给快钱保理的应收账款必须同时符合以下条件方为合格的应收账款。

① 基于正常合法的基础交易产生；

② 仅以人民币表示并支付；

③ 属该品牌服装公司合法所有并依法可以转让，未被质押、设定信托、转让给任何第三方，没有任何权利瑕疵；

④ 该品牌服装公司已经按照商务合同的约定履行并将继续履行其在商务合同项下的义务；

⑤ 应收账款仍未到期；

⑥ 该品牌服装公司与买方之间不存在商务合同执行的纠纷；

⑦ 该品牌服装公司申请转让的应收账款为已扣除了当前确定或不确定的或有事项（包括但不限于预付款、已付款、佣金、现金折扣、销售折让）后的净额；

⑧ 快钱保理要求的其他条件。

(三) 案例解析：快钱保理服务的价值

1. 改善了该品牌服装公司的销售渠道关系

为该品牌服装特许经营店等下游终端增加采购量、延长账期提供了更好的资金支持，解决其资金压力，改善了销售渠道的合作关系。

2. 优化财务报表

通过与快钱保理的合作，以准现结方式收到大部分货款，加速该品牌服装公司的资金周转，盘活运营现金流，同时减少应收账款，降低拨备，美化财报，对股价产生积极影响。

3. 信息技术的运用，降低了风险管理成本

将信息技术与风控体系相结合，通过电子化运营模式，实时处理监控应收账款状况，大大降低了风险管理成本。

快钱保理业务信息系统与该品牌服装公司的 ERP 系统对接，监控订单交易、应收账款等数据，验证了贸易的真实性，降低了违约风险。

复习思考题

1. 保理公司信息技术委员会的职责有哪些？
2. 通过信息技术如何实现额度管控？
3. 请简述保理业务信息系统的主要功能有哪些。
4. 大数据应用对开展商业保理业务有哪些意义？

第八章

商业保理风险转移与自留

本章概要
- 风险转移
- 风险自留
- 案例分析

风险的转移与自留,又称为风险融资性处理方法(risk financing),是指通过实现的财务计划或合同来筹措资金,以便对风险事故造成的经济损失进行补偿的风险处理方法。风险控制性处理方法并不能消除风险,损失总是会发生的。为了应对未来的损失,人们应采取一些融资措施,使得损失一旦发生,受损的经济单位便能迅速地获取所需的资金,为其恢复正常经济活动提供财务基础。与风险控制性措施所关注的事前防范不同,风险融资性处理方法的着眼点是事前安排好事后的资金融通。

根据资金来源的不同,风险融资性处理方法可以分为风险自留和风险转移两类。风险自留的资金来自经济单位内部;使用风险转移方法时,其资金来自经济单位外部。借助合同安排转嫁风险、购买保险、通过金融衍生品进行套保以及利用其他合约进行融资是主要的风险融资性转移措施。

商业保理公司应建立有效的风险转移与保留手段,来应对潜在的各类风险。针对商业保理业务,可转移的风险包括信用风险、流动性风险、利率风险、汇率风险、操作风险等。

商业保理业务的风险转移手段多种多样,针对不同的风险,有不同的应对策略,例如:针对关联交易的保理业务,可通过信用保险手段进行风险转移;针对买方第一还款来源不稳定的情况,可增加有追索条件下设置的回购条款来转移风险等。

商业保理业务中的风险转移与自留,本质上是保理企业与供应商之间的应收账款能否及时、准确回收的风险能否通过兑价等方式转移至第三方,或将风险发生概率较小、风险损失较小的风险作保留处理。

商业保理公司应该以自身业务规模与历史数据为基础,制定适合自身的风险敞口接受程度,以此制定市场策略,并据此进行合理的流程规划及风险管理手段。

风险敞口又称为风险暴露,是指保理企业在一项融资交易中,扣除抵押、担保等额度后的净融资额的多少。对融资交易的风险敞口的接受程度决定了保理企业要将多少额度以上的风险敞口转移,将多少额度以下的风险敞口保留。风险敞口管理是商业保理公司业务开展的先决条件,只有确定适合自身的风险敞口,并严格对交易进行限额管理,才能避免保留过多的风险。

第一节 风险转移

一、风险转移概念

风险转移是一种针对保理业务中存在的各类风险进行事前控制的有效手段。指保理企业以某种方式,将可能发生的应收账款风险全部或部分转移给交易方或第三方承担。

风险转移的方式主要有四类。

一是合同转移,即借助合同法,通过与有关方面签订连带风险在内的合同,将交易中产生的风险及风险兑价转移给对方。

二是采用保险方式,对那些属于可在保险公司进行投保的交易,可通过兑价方式把风险全部或部分转移给保险公司。

三是利用各种风险交易工具,例如金融衍生品[①]等转嫁风险。

---

① 金融衍生品(derivatives),是指一种金融合约,其价值取决于一种或多种基础资产或指数,合约的基本种类包括远期、期货、掉期(互换)和期权。

四是通过再保理手段,将保理风险转移至其他保理人。

二、风险转移手段

1. 合同转移

合同转移是将面临的损失风险借助协议或合同,将损失的法律责任或财务后果转移给其他个人或组织承担,具体方法包括出售、租赁、分包和签订免除责任条款等。

出售:这种风险转移措施是通过出售承担风险的财产,将于财产有关的风险转移给购买该财产的人或经济单位。例如企业出售其拥有的一幢建筑物,则公司原来面临的该建筑物的火灾风险也就随着出售行为的完成转移给新的所有人了。出售有些类似于风险回避行为,但区别在于出售使风险有了新的承担者。需要注意的是,有时出售行为并不能完全摆脱风险,例如家用电器出售给消费者后,并不能免除制造商或销售商的产品责任风险。

租赁:租赁可以使财产所有人部分地转移自己所面临的风险。租赁是指一方把自己的房屋、场地、运输工具、设备或生活用品等出租给另一方使用,并收取租赁费的行为。如果租赁协议中规定:租赁人对因过失或失误造成的租赁物的损坏、灭失承担赔偿责任,那么出租人就将潜在的财产损失风险转移给了承租人。

分包:分包多用于建筑工程中,工程的承包商可以利用分包合同将其认为风险较大的工程转移给其他人。例如对于一般的建筑工程而言,高空作业的风险较大,承包商可以利用分包合同将这部分工程分包给专业的高空作业工程队,从而将与高空作业相关的人身意外伤害风险和第三者责任风险转移出去。

签订免除责任条款:将带有风险的财产或活动转移出去是一种很好的摆脱风险的方法,但在许多场合中是不现实或不经济的,如医生一般不能因害怕手术失败而拒绝施行手术。因此,签订免除责任协议就是这种情况下的一种解决问题的较好方法。医院在给垂危病人施行手术之前会要求病人家属签字同意,若手术不成功,医生不负责任。在这种免除责任协议中,医生不转移带有风险的活动(动手术),而至转移可能的责任风险。同样的,商业保理企业也可以通过商业保理合同来转移商业保理相关的责任风险。

从商业保理业务的合同角度出发,通过规范合同所能控制的风险包括:合同标的风险、合同主体风险。

合同标的的风险通常意义上指应收账款的品质瑕疵风险及应收账款的权利瑕疵风险。

首先,品质瑕疵判断的主要依据是真实合法的债权是否存在。债权转让的前提就是要有真实、合法、有效的债权存在,否则受让债权的实现问题无从谈起。

其次,合同标的未来债权的发生具有期待性而非现实性,它就存在无法发生的可能性。

最后,还应注意债权可转让性风险。

应收账款的权利瑕疵风险首先需要关注的是债务人抗辩权的援引。保理合同是债权让与合同,保理企业从债权人处受让的债权并不能优于债权人,债务人同样可以基础合同的约定和法律的规定援引抗辩权,对抗保理企业的应收账款债权,此时,保理企业就面对债权无法实现的风险。另外,还需关注债务人抵销权的主张。若债权人与债务人在基础合同中并未约定禁止行使抵销权,使得买方可用先于转让债权到期或同时到期的债权主张抵销所的转让应收账款,导致在无追索权的保理业务的收益直接遭受损失。

针对以上两种瑕疵,在合同中应有足够的手段进行约束,以保障保理企业应收账款债权的合法、完整。

(1) 担保条款。

针对品质瑕疵的担保措施:第一,债权人对真实、合法、有效债权存在的承诺。债权人和债务人之间有真实的贸易关系,同时债权人也履行了全部的义务,对债务人享有真实的应收账款债权。第二,债权可转让性的承诺。债权人应当承诺基础合同不存在任何阻碍债权转让的情况和约定。第三,债权完整性的承诺。债权人应承诺:债权人保证无条件地享有向保理商转让的每笔债权的全部权利,包括与该债权有关并可向债务人收取的利息和其他费用的权利;该笔债权不能用来抵销、反诉、赔偿销失、对销账目、留置或做其他扣减等以及其他与债权人同等的一切权利。

针对权利瑕疵的担保措施:第一,抗辩权[①]和抵销权[②]的放弃条款。第二,对债权权利唯一性的承诺,债权人应承诺:对每笔交易出具的正本发票均附有说

[①] 抗辩权,是指妨碍他人行使其权利的对抗权。

[②] 抵销权,《合同法》规定:"当事人互负到期债务,该债务的标的物种类、品质相同的,任何一方可以将自己的债务与对方的债务抵销,但依照法律规定或者按合同性质不得抵销的除外。当事人主张抵销的,应当通知对方。通知自到达对方时生效。抵销不得附条件或者附期限。"为法定抵销。

明,表明该发票涉及的债权已经转让并仅付给作为该债权所有人的保理商;对已经转让给保理商的债权未经保理商允许,不再进行处理、转让、赠送等,也不再向债务人追索;在保理合同期限内,未经保理商书面同意,债权人不得以任何方式将应收款质押给第三人。

对基础合同有关内容及其变更的担保,债权人应承诺:基础合同相关内容同保理合同一致;未经保理企业同意,债权人不得对基础合同作任何变更。为此,债权人要提供债务人承诺的证明。

(2) 通知条款。

债权人的债权转让通知可以由债权人发给债务人,经授权也可以由保理商发给债务人,在保理合同中应当对通知的方式做出详细约规定。

(3) 协助条款。

保理合同应特别约定:一旦发生债务人拒付情形,而且拒付并不是基于其与债权人之间的贸易纠纷时,债权人应采取及时、有效的行动,协助保理商追讨债款。

另外,保理企业还应通过一些措施规范合同操作程序。

(1) 强化资信调查。资信调查是保理商确保保理业务风险可控的关键。保理商所进行的资信调查主要针对的是基础交易双方,即债权人和债务人;调查的内容主要包括履行能力和履行意愿两个方面,对于有追索权保理,当债务人不付款时债权人将承担付款责任,因此,债权人的资信至关重要。

(2) 严格审查基础合同,审查内容包括:基础合同是否合法有效;排除不适宜接受的债权;基础合同与保理合同是否一致;基础合同是否已经履行;未来债权发生的时效性和取得的可靠性。

2. 保险转移

保险主要是处理纯粹风险的一种重要的风险融资工具。通过签订保险合同,保险人向投保人收取保险费,用集中起来的保险费建立保险基金,用于补偿被保险人因自然灾害或意外事故造成的经济损失,或承担因死亡、伤残、疾病或年老等产生的保险金给付责任。

对于企业和个人来说,通过缴纳保险费,可以将自身面临的风险转移给保险公司,即以小额的成本支出,来转嫁大额的不确定性损失。由此看来,保险并没有改变企业或个人所面临的风险,只是通过一个实现的安排,利用保险基金来补偿保险事故发生所导致的经济损失。

在受理企业的保理业务需求时,商业保理公司一般会要求企业购买信用保险。购买时,保险公司对融资企业提交的资料进行审批,并根据审批结果授予其买家一定的保险授信额度。在交易实际开展的过程中,如果发生买家到期回款拖欠或不能支付的情况,保险公司将对保单的授信范围内对受益人(一般是保理公司)先进行坏账理赔,并在获得融资企业相关债权凭证后,开展代位追偿,向未能履行偿债义务的买家追索应付账款。

保理业务中,通过保险转移风险的流程如下。

保理公司接受企业融资需求—要求企业投保—保险公司对融资企业进行信用评估—交易发生—出险—保险公司赔付保理公司—保险公司对买方企业代位追偿。

实务操作中,卖方购买信用保险,将与买方商品交易所产生的应收账款抵押或转让给商业保理公司。商业保理公司参考保单授信金额受让一定比例的应收账款。交易发生后,卖方要求买方还款至指定银行账号。在应收账款无法得到赔偿时,卖方指示保险公司将保单对应的赔款转入保理公司的指定银行账号。此笔保险赔款可以抵偿商业保理公司信贷的损失。

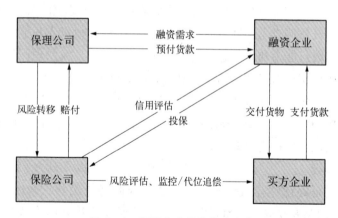

图 8-1　保理企业保险转移方式

资料来源:德勤分析。

信用保险是一种特殊的保证保险,它可以协助商业保理公司提供风险转嫁和规避,为买家第一还款来源的回款提供了保障,具备很高的灵活性。在保险合同中清晰明确地规定了索赔方式、时间节点及理赔时间节点。信用保险为中小企业正常经营和扩大再生产提供了助力,逐渐在商业保理行业体现了很好的保障作用,目前商业保理行业多使用信用保险方式转移风险。

具有融资需求的企业中,使用信用保险的多为生产型企业,主营业务行业周期较弱,稳定性高,例如医药、通信器材、食品行业等。这类企业与保险企业最为青睐的客户要求接近。保险企业往往希望投保信用保险的客户最好属于生产型企业,主营业务行业弱周期性,收入稳定性较高,如食品、医药、医疗设备等行业,无不良付款记录等。这种承保的条件与商业保理公司的目标客户的条件很相近,所以两者在信用保险—保理体系的配合里显得相得益彰。随着保险企业增信产品的不断创新,企业的融资问题将获得进一步的缓解。

相比信用保证保险单一形式的保障,信用保险和商业保理可共同为客户提供一体化、更高效的流动性、结算、风险管理服务;支持和促进业务销售拓展;改善了客户的内控效率;使企业获得更佳的财务表现和估值评价。

3. 风险工具转移

传统的风险管理主要针对纯粹风险,通过保险和风险控制等措施进行。但从20世纪末开始,风险管理开始越来越多地涉及金融风险管理,利用期权、期货、远期与互换等金融衍生工具进行套期保值。衍生工具应用在风险管理上,一个最基本的用途就是帮助企业将风险转移到资本市场上,从而扩大了风险转移的范围。

商业保理行业在我国属于起步初期的行业,尚缺乏统一的法律、监管条件,因此难以利用传统金融行业诸多的便利条件,例如期货、期权等金融衍生产品进行利率风险、汇率风险、流动性风险等的转移。

目前,全国范围内正在试点将商业保理资产进行资产证券化的尝试。资产证券化成为盘活存量的理想工具。中小企业主普遍面临的订单多、资金少的问题,可以通过商业保理资产证券化的方式得到解决。中小企业可将订货单或购销合同转让给商业保理公司,让商业保理公司打包成一个理财产品放在证券市场上,快速获得现金收益。这样不仅能够解决当下的现金问题,还能够扩大生产,有效缓解订单多、现金少的问题。资产证券化的道路是商业保理业务扩大规模、提高融资效率、降低资金成本的有效途径,也是为中小企业解决融资难问题的有效方式。

但商业保理企业需更有效利用资产证券化这一工具还尚需时日,因为目前商业保理业务的规模还处于上升期,形成规模仍需期待。2014年,上海市浦东新区商务委也会同多家基金公司、资产管理公司共同探讨将商业保理资产进行资产证券化。

商业保理的资产证券化，就是商业保理公司将企业的应收账款打包、集合、整体性的风险控制，形成低风险的优质资产包，通过多层渠道调动社会存量资金，使这部分资金参与到实体经济当中。既满足应收账款的融资需求又增强社会存量资金的安全流动性。通过应收账款资产证券化服务大大地降低了企业的融资成本，缩短了企业在融资环节的时间，并且提高企业的获利水平。

4. 再保理转移

同保险一样，保理企业可以通过支付一定的兑价的方式，将保理风险转移至其他保理商，即原保理人对自己所承担的风险责任，为避免过于集中而因一次或若干次重大违约影响自身的财务稳定性，将其所保理的一部分应收账款转移给其他保理商的经济行为，它是风险的二次转移。

再保理商通常可以承担债务人（即商务合同的买方）的信用风险（即 non-recourse，即办理无追索权再保理），也可以不承担债务人的信用风险（recourse）。

需要注意的是，国际双保理业务并不是一种再保理。再保理商在办理无追索权再保理业务时，可以自行承担买方信用风险，也可以通过双保理业务模式请进口保理商（或买方保理商）或者由信用保险公司最终承担债务人的信用风险。

进行再保理，可以分散保理商的风险，有利于其控制损失，稳定经营。再保理是在原保理合同的基础上建立的，在再保理关系中，直接接受保理业务的保理商成为原保理人，也叫再保理分出人；接受分出保理责任的保理商成为再保理接受人，也叫再保理人或分入人。再保理的权利义务关系是由再保理分出人与再保理接受人通过订立再保理合同确定的，再保理合同的存在虽然是以原保险合同的存在为前提，但两者在法律上是各自独立存在的合同，所以再保理的权利义务关系与原保理的权利义务关系，是互相独立的法律关系，不能混淆。

第二节　风　险　自　留

一、风险自留概念

风险自留是指由面临风险的保理企业自己承担风险事故所值损失的一种风险处理方法。它是通过内部资金的融通来弥补损失。风险自留是处理风险的最普通的方法。风险自留的方法的采用,可能是被动的,也可能是主动的。

被动自留风险,或非计划的风险自留,是指风险管理者因为主观或客观原因,没有意识到风险的存在,或者对于风险的存在性和严重性认识不足,没有对风险进行处理,或者认识到了风险的存在和严重性,但因为客观条件限制,迟迟没有进行处理,最终由保理企业自行承担风险损失。现实生活中,被动的风险自留大量存在。例如个人或家庭往往认为意外不会降临到自己头上,而不进行任何保险安排。

主动风险自留,或计划性风险自留,是指风险管理者在识别和衡量风险的基础上,对各种风险处理方式进行比较、权衡利弊,最终出于经济效益的考虑而决定将风险留在内部,即由保理企业自己承担风险损失的全部或部分。主动风险自留的具体措施包括:将损失摊入经营成本、建立意外损失基金、借款以补偿风险损失、保险中的自负额部分、建立专业的自保公司[①]等。

二、风险自留原因

企业选择风险自留作为风险筹资的措施通常有以下几种情况。

(1) 该风险是不可保的。比如说一些巨灾损失,如地震、洪水等。在这种情况下,企业采取风险自留的管理措施往往是出于无奈。

(2) 与保险公司共同承担损失。比如保险人规定一定的免赔额,以第一损失赔偿方式进行赔偿,采用共同保险的方式或者以追溯法厘定费率[②]等。作为一定的补偿,保险人会让渡一部分保费,也就是收取比较低的保险费。

(3) 企业自愿选择自留的方式承担风险。对于某种风险,该企业认为自留风险较之投保更为有利。企业通常考虑的因素有以下几种。

① 企业自留风险的管理费用(RC)小于保险公司的附加保费(IC),这样,风险自留就可以省一部分附加保费。对于风险自留中将损失计入当前发生费用和建立内部风险基金两种方法,管理费用包括企业在流通资金或损失基金不足以补偿损失的情况下,借款或变卖资产所遭受的损失。对于建立外部风险基金的方法,管理费用包含企业交付给保险公司的费用以及基金不足时企业遭受的损失。对于用借入资金进行风险自留的方法,管理费用是企业在遭受损失后的

[①] 自保公司,即自营保险公司,是由非保险企业拥有或控制的保险公司,其主要的目的是为母公司及其子公司的某些风险提供保险保障。
[②] 追溯法厘定费率,该方法是依据保险期间的损失为基础来调整费率的。

借贷成本,在这里,由于大部分费用是企业发生损失后才发生的,因此应当计算其期望值。另外应当注意的一点,无论是哪种风险自留的方法,管理费用还应当包括企业因为自担风险而产生的焦虑成本,准确地说,就是企业因为自留风险而无法专心于主业的经营而造成的损失。

② 企业预计的期望损失(RE)小于保险公司预计的期望损失(IE)。也就是说,企业认为保险公司将纯保费定得过高,不投保可以节省一部分纯保费。

③ 企业自留的机会成本(RO)比投保的机会成本(IO)要小。投保的机会成本就是保险费自身及其投资收益:

$$IO=P(1+r)t$$

公式中 IO 为保险的机会成本;P 为保险费;r 为资本收益率;t 为衡量的时间。

而自留风险的机会成本可用下式表示:

$$RO=[RE+RC+X](1+r)t-(1+i)t$$

公式中:RE 为企业预计的期望损失;RC 为企业风险自留的管理费用;X 为剩余基金数额;i 为基金的收益率。

这里我们作了一个假设,假设损失和管理费用是在期初支付的,而实际的情况往往并非如此,我们可以将发生损失的金额和支付的费用折算为现值。

④ 企业还必须考虑的一个因素就是税收。无论是将损失计入当前发生费用,建立基金还是借款,企业往往得不到税收上的减免,而保费的支出却是可以免税的。例如,美国国内收入管理局规定,投保的保险费支出可以免税,但自保计划中提存的基金不视为保险费用。而仅在损失发生时视为费用进而从所得中扣除。用 RT 来表示在衡量的时间内企业需要支付的所得税的期望值的折现额,用 IT 来表示在衡量的时间内企业投保需要支付的所得税的期望值的折现额。当企业的期望损失与风险管理自留的管理费用之和小于保险公司收取的保费时,会有 $RT>IT$,这是不利于企业进行风险自留的一个因素。

企业在决定用投保还是用风险自留作为风险筹资的手段时,会综合考虑以下因素:

● 当 $IC+IE+IO+IT>RC+RE+RO+RT$ 时,企业采用风险自留在经济上更为有利。

● 当 $IC+IE+IO+IT<RC+RE+RO+RT$ 时,企业采用投保在经济上更

为有利。

对于发生频率高,损失程度小的风险,企业往往采用风险自留的手段更为有利。这是因为损失在一段较长的时间内发生的损失总额会比较稳定,采用风险自留作为管理风险的手段,焦虑成本和管理费用比较低,投保会令企业觉得得不偿失。对于发生频率小,造成损失金额多的风险,企业则会在风险自留和投保两种方式之间进行权衡。从风险管理的发展趋势来看,会有越来越多的企业运用风险自留的手段取代保险的手段来处理频率小,损失程度大的风险。

但应注意,企业采用风险自留的手段来处理这些风险时还需要考虑以下条件:首先,企业具有大量的风险部位。其次,各风险部位发生损失的情况(概率和程度)较为相似。再次,风险部位之间相互独立(特别是应当有一个合理的地理分布)。最后,企业应具有充足的财务力量来吸收损失。

显然,只有当企业的力量比较强大,在国内甚至国际上拥有多家分支企业的时候才能满足这样的条件。随着企业的逐渐发展壮大,分支企业的数量增加,可以在其内部分摊损失,具有较好的损失管理经验,筹资能力增强,会逐渐用风险自留来取代保险管理一些损失风险。在风险自留形式的选择上,企业往往会选择建立内部基金。因为建立内部基金在提供弥补损失的一定流动性的同时,不会给财务带来过大的冲击,而且不必向第三方支付费用,另外还能带来一定的投资收益。

三、风险自留措施

1. 将损失摊入经营成本

很多自留财产损失和责任损失的决定都不包括任何正式的预备基金。损失发生后,组织只是简单地承受这种损失,将损失计入当期损益,摊入经营成本。这种方法能最大限度地减少管理细节,但是如果损失在不同年度里波动很大,那么较大的损失会使企业陷入困境。企业可能被迫在不利的情况下变卖资产,以便获得现金来补偿损失。此外,企业的损益状况也有可能发生剧烈波动。显然这种方法只适用于那些损失概率高但是损失程度较小的风险,企业可以通过风险识别将这些风险损失直接打进预算。

2. 建立意外损失基金

意外损失基金的建立可以采取一次性转移一笔资金的方式,也可以采取定期注入资金长期积累的方式。企业愿意提取意外损失基金的额度,取决于其现有的变现准备金的大小,以及它的机会成本。企业每年能负担多少意外损失基金,则取决于其年现金流的情况。建立意外损失基金的方法能够积聚较多的资金储备,因而能自留更多的风险。但是,它有一个不足之处是,按照税务和财务法规,损失费用不可预先扣除,除非损失实际已经发生,而向保险公司缴付保险费却是税前列支。建立此项基金的财源一般是税后的净收入。这一缺陷也说明了为什么许多大公司要设立自己的专业自保公司。

3. 借入资金

风险事故发生后,企业可以通过借款以弥补事故损失造成的资金缺口。企业某部门受损,可以向企业或企业其他部门求得内部借款,以解燃眉之急,这样会有一定困难。即使借贷成功,由于需求的迫切,也将导致利率提高或其他苛刻的贷款条件。当意外损失发生后,企业无法依靠内部资金渡过财务危机时,企业可以向银行寻求特别贷款或从其他渠道融资。由于风险事故的突发性和损失的不确定性,企业也可以在风险事故发生前,与银行达成一项应急贷款协议,一旦风险事故发生,企业可以获得及时的贷款应急,并按协议约定条件还款。

4. 专业自保公司

专业自保公司是企业(母公司)自己设立的保险公司,旨在对本企业、附属企业以及其他企业的风险进行保险或再保险安排。在《财富》500强企业中有70%的企业设立了专业自保公司。中国石化总公司试行的"安全生产保证基金"可算是我国大型企业第一个专业自保公司的雏形。

建立专业的自保公司主要基于以下原因。

(1) 保险成本降低,收益增加。专业自保公司由于可以不通过代理人和经纪人展业,节约了大笔的佣金和管理费用,其保险费率与本公司或行业内部的实际损失率比较接近,因而可以节省保险费开支。优于其他自保方式的一个因素是,向专业自保公司缴付的保险费可从公司应税收入中扣除。

(2) 承保弹性增大。传统保险的保险责任范围不充分,保险公司仅承保可保风险,其风险范围不能涵盖企业面临的所有风险,不能满足被保险企业多样化的需要,而专业自保公司更易于了解客户面临的风险类别和特性,可以根据自己的需要扩大保险责任范围,提高保险限额,可根据自身情况采取更为灵活的经营方略,开发有利于投保人长期利益的保险险种和保险项目。

(3) 可使用再保险来分散风险。许多再保险公司只与保险公司做交易。通过设立专业自保公司可以使企业直接进入再保险市场,以此分散风险,扩大自己的承保能力,有剩余承保能力的还可以接受分保。

第三节 案例分析

一、案例一：商业保理风险转移

Q公司成立于2012年1月，注册资本5 000万，主要生产零甲醛复合秸秆地板、木地板，目前已建成零甲醛禾香板生产线，2012年为建设期，2013年截至9月主营业务收入18 156万元，净利润2 586万元。

Q公司产品一般销往上海、福建等地，通过赊销方式进行，账期一般在3—4个月，应收账款大量占用企业资金。

Q公司以赊销的方式与下游客户进行合作，自身的应收账款量较大，减缓了资金流转效率。

下游客户多为异地贸易型公司：在经济下行的环境下，轻资产的贸易型公司作为交易对手方且在异地，在付款实力的调查及评估方面存在一定的风险。

针对Q公司这样的客户，应采取信用保险＋商业保理的方式解决应收账款周转问题：以传统的国内保理业务消化Q公司的应收账款，附加信用保险规避买方信用风险，两者的结合成为该项目的主体授信方案：

业务品种：国内信用保险项下国内保理。

担保方式：应收账款转让＋国内信用保险。

具体方案：客户投保国内信用保险，客户将获得保险公司承保的应收账款转让给银行续做国内保理业务。

从案例中不难看出，商业保理＋信用保险，可以有效提高客户应收账款周转率，提高其资金运转效率；有效规避买方违约风险，可以减少因买方信用、资金风险给卖方造成的损失。

对于过程中出现的风险的解析：

（1）卖方风险：由于申请人原因造成融资款无法收回的风险需要由保理公司承担，所以，保理公司仍须关注防范申请人的信用风险（包括履约能力、履行保单义务等）。

（2）保单条款风险：如果买卖双方的付款结算方式为买方签发商业承兑汇票，则必须要求信保公司出具《批单》，明确信保公司在本保单项下承担保险责任的时间起讫为自商业承兑汇票出票之日起至商业承兑汇票到期日为止。买方超过商票到期日仍未支付货款则属于买方拖欠，纳入保险责任范围。

（3）贸易背景真实性风险：贸易背景的真实同样是该业务开展的基础，虚假贸易并不在国内险保单内的承包范围，经办银行在实际业务中要严控贸易背景，在业务出账前如有必要，尽量多途径核实贸易背景，包括与买方直接联系落实贸易的真实性等。

（4）回款路径封闭性风险：在同业出险的案例中，回款路径没有有效封闭是一大出险原因。间接回款导致的资金挪用同样不在保险公司的承保范围之内。保理业务人员在业务出账前需能有效确认首笔回款路径是否符合保理公司要求，通过历史交易数据核查实际结算周期，对结算周期发生更改的客户需高度警惕。业务人员需严格按照产品方案要求向买方通知应收账款的转让和回款路径的更改，严密监控回款周期，对异常回款做出风险预警，防范间接回款或第三方回款问题的出现。

二、案例二：信用保险保理

2009年8月，建行邯郸分行与中国出口信用保险天津分公司共同为邯郸某民营企业办理了1 620万元的信用保险保理业务。

对于处在产业供应链中的众多企业来说，最头疼的恐怕就是琐碎、零散的应收款所带来的困惑了：交易频率高、结算周期长、占用资金多等原因，使企业陷入资金周转的困境，尤其在金融危机困境下，更是雪上加霜。建行邯郸分行通过与保险公司联合，适时推出了"信用保险保理"，既弥补了中小企业担保不足的融资障碍，又有效控制了风险。

该民营企业是建行的AA级客户，主要生产塑料管材，年生产能力5万吨，是河北省唯一一家大口径双壁波纹管、实壁管生产企业。建行了解到近日该企业与湖南某煤业集团签订销售PE管的巨额合同，且应收账款已在某保险公司投保后，迅速为企业设计了信用保险保理融资方案，以应收账款保理融资的方式，有效解决抵押问题。这样一方面解决了不占用企业信贷额度的问题；另一方面，又为买方应收账款如期履约付款增设防火墙，降低了银行风险。

复习思考题

1. 商业保理的风险转移技术有哪些？

2. 总结每一种风险转移技术应在何时使用。
3. 风险自留适合在何时使用?
4. 信用保证保险具有哪些实际作用?其局限性是什么?

第九章

国际保理业务及风险管理

本章概要
- 国际保理业务的概述
- 国际保理业务流程

国际保理(international factoring)又称为承购应收账款。指在以商业信用出口货物时(如以 D/A 作为付款方式),出口商交货后把应收账款的发票和装运单据转让给保理商,即可取得应收取的大部分贷款,日后一旦发生进口商不付或逾期付款,则由保理商承担付款责任,在保理业务中,保理商承担第一付款责任。

本章主要讲述了国际保理的一些基本内容,为了便于准确理解国际保理,在描述国际保理的定义时,与福费廷业务作了对比。国际保理的业务流程比较复杂,在开展国际保理业务的过程中,往往会牵扯到国内外多方主体及法律关系。因此,本章详细地介绍了国际保理业务中常用的 edi 系统和国际上普遍适用的几个国际性法律规定。对国际保理容易面临的风险,分别从进口保理业务和出口保理业务两个方面做了介绍。

第一节　国际保理业务的概述

一、国际保理定义

（一）什么是国际保理

迄今为止，保理的定义无论在商业界还是在学术界均未达成共识。在诸多的定义中，有的外延较为宽泛，如《牛津辞典》对于保理的解释为：从他人手中以较低的价格买下属于该人的债权并负责收回债款从而获得盈利的行为。按照《联合国国际货物销售合同公约》对于国际货物买卖（也即国际货物销售）的界定方法，有学者将国际保理简单地定义为：营业地位于不同国家或地区的保理商与供货商之间从事的保理业务。

也有人将国际保理定义为：保理商以资金融通为对价，为使营业地处于不同国家的货物贸易中的卖方或服务贸易中的服务提供方免除账务管理负担或信用风险或其两者，以上述贸易中所产生的应收账款为标的而与卖方或提供方之间发生的应收账款的买卖和转让活动。

国际保理属于保理业务中的一种，应当适用保理的通俗定义，其主要特点是债权人或债务人一方在境外，因此本书将国际保理定义为：国际保理是指债权人和债务人中至少有一方在境外（包括保税区、自贸区、境内关外等）的保理。

（二）国际保理业务

1. 业务分类

（1）根据保理商对出口商提供预付融资与否，分为融资保理（financial factoring）和到期保理（maturity factoring）。融资保理又叫预支保理，是一种预支应收账款业务。当出口商将代表应收账款的票据交给保理商时，保理商立即以预付款方式向出口商提供不超过应收账款80%的融资，剩余20%的应收账款待保理商向债务人（进口商）收取全部货款后，再行清算。这是比较典型的保理方式。到期保理是指保理商在收到出口商提交的、代表应收账款的销售发票等单据时并不向出口商提供融资，而是在单据到期后，向出口商支付货款。

（2）根据保理商公开与否，也即销售货款是否直接付给保理商，分为公开型保理（disclosed factoring）和隐蔽型保理（undisclosed factoring），公开型保理是指出口商必须以书面形式将保理商的参与通知进口商,并指示他们将货款直接付给保理商。国际保理业务多是公开型的。隐蔽型保理是指保理商的参与是对外保密的,进口商并不知晓,货款仍由进口商直接付给出口商。这种保理方式往往是出口商为了避免让他人得知自己因流动资金不足而转让应收账款,并不将保理商的参与通知给买方,货款到期时仍由出口商出面催收,再向保理商偿还预付款。至于融资与有关费用的清算,则在保理商与出口商之间直接进行。

(3) 根据保理商是否保留追索权,分为无追索权保理(non-recourse factoring)和有追索权保理(recourse factoring)。在无追索权保理中,保理商根据出口商提供的名单进行资信调查,并为每个客户核对相应的信用额度,在已核定的信用额度内为出口商提供坏账担保。出口商在有关信用额度内的销售,因为已得到保理商的核准,所以保理商对这部分应收账款的收购没有追索权。由于债务人资信问题所造成的呆账、坏账损失均由保理商承担。国际保理业务大多是这类无追索权保理。有追索权保理中,保理商不负责审核买方资信,不确定信用额度,不提供坏账担保,只提供包括贸易融资在内的其他服务,如果因债务人清偿能力不足而形成呆账、坏账,保理商有权向出口商追索。

(4) 根据其运作机制,是否涉及进出口两地的保理商,分为单保理和双保理。单保理是指仅涉及一方保理商的保理方式。如在直接进口保理方式中,出口商与进口保理商进行业务往来;而在直接出口保理方式中,出口商与出口保理商进行业务往来。涉及买卖双方保理商的保理方式则叫做双保理。国际保理业务中一般采用双保理方式,即出口商委托本国出口保理商,本国出口保理商再从进口国的保理商中选择进口保理商。进出口国两个保理商之间签订代理协议,整个业务过程中,进出口双方只需与各自的保理商进行往来。

2. 主要品种

(1) 出口保理:为出口商的出口赊销提供贸易融资、销售分户账管理、账款催收和坏账担保等服务。

(2) 进口保理:为进口商利用赊销方式进口货物向出口商提供信用风险控制和坏账担保。

(3) 国内保理:又分为两种情况。

① 应收账款买断

以买断客户的应收账款为基础,为客户提供包括贸易融资、销售分户账管理、应收账款的催收和信用风险控制及坏账担保等服务。

② 应收账款收购及代收

以保留追索权的收购客户应收账款为基础,为客户提供贸易融资、销售分户账管理、应收账款的催收等三项服务。

(三) 国际保理业务运行模式

国际保理业务运行模式主要有以下两种。

1. 双保理与单保理运行模式

双保理业务是指由出口商所在国的出口保理商与进口商所在国的进口保理商进行合作,由出口保理商与进口保理商签订相互保理协议后,出口保理商根据进口保理商对进口商核定的信用额度向出口商提供各项保理服务的一种保理业务模式。

单保理模式是指只涉及一方保理商的国际保理业务。单保理模式下往往出口地银行不是出口保理商,它与出口商之间没有订立保理合同,所以不是保理业务的当事人,而是中间媒介。因此,单保理有3个当事人：出口商、进口保理商和进口商。

总的来说,单保理模式是国际贸易运用保理业务较早时期的产物,现在主要适用于国内保理业务。随着国际保理业务的发展和保理商业务水平的提高,单保理模式逐渐已为双保理模式所取代。单保理模式适用于出口商所在国家(或地区)没有保理商的背景下。

2. 进口保理与出口保理运行模式

进口保理是指出口商直接与进口商所在国的进口保理商签订保理协议办理保理业务的一种保理运作模式,保理业务的当事人只有出口商、进口保理商和进口商,没有出口保理商的介入。

出口保理是指由出口商与出口保理商签订保理协议办理保理业务的一种保理运作模式,该种保理业务中的当事人为出口商、出口保理商和进口商,没有进口保理商的介入。

二、国际保理业务与福费廷的区别

国际保理业务在操作模式上和福费廷业务很是相似,容易混淆,在讲述国际保理业务时,有必要了解什么是福费廷,其和国际保理业务有何区别。

(一) 什么是福费廷

福费廷又称"包买票据",是指包买商从出口商购买通常由进口商所在地银行担保或承兑的远期汇票或本票。

(二) 福费廷业务或国际保理业务的区别

1. 业务运作流程区别

国际保理业务的一般运作流程为:

(1) 出口商将进口商的有关情况告知事先与之签订了保理协议的出口保理商。(2) 出口保理商通过进口商的信用情况并确定进口商的信用额度。(3) 出口商在此信用额度内与进口商签订以赊销方式进行结算的贸易合同。(4) 出口商按合同规定发运货物并将附有货款转让条款的发票及装运单据通过保理商交给进口商。(5) 出口保理商买断应收账款并垫付部分货款(一般占发票金额的85%—90%)给予出口商,保理商负责管理并催收应收账款,到期时进口商将货款支付给进口保理商。(6) 出口保理商在扣除有关各项费用后将剩余货款付给出口商。(7) 若进口商在货款到期后90天因清偿能力不足而未能付款,则进口保理商做担保付款。

福费廷业务的一般运作流程为:

(1) 出口商如欲使用福费廷业务融资,必事先和其所在地一家金融机构约定,做好各项信贷安排,同时为进口商选定进口地一家银行,由其对交易中经进口商承兑的汇票或进口商开立的本票进行付款担保。(2) 福费廷机构一般先向出口商报出虚盘,说明贴现率的大致范围以便出口商福费廷机构在了解交易细节、做出提供信用的决策后,即报出实盘,承担融资义务。(3) 出口商在按合同规定发运货物后,将取得的单据通过银行寄交进口商,进口商承兑汇票或开出本票,经进口地银行担保后寄还出口商,出口商将汇票或本票向福费廷机构进行无追索权贴现,扣除一定贴现利息后收回货款。(4) 在票据到期日由福费廷机构向进口商提示票据,取得款项。

2. 业务期限和标的的区别

融资期限:虽然两种业务都应用于国际贸易中延期付款条件下的交易,但国际保理商一般承揽短期应收账款(90—180天),而福费廷业务则主要适用于中长期应收账款(180天—7年)。

融资金额:福费廷公司大多情况下承做一次性交易,但要求每次交易的金额较大(达到25万美元以上);保理商通过与出口商签订保理协议,由于信用额度限制,一般每次交易的金额较小,但规定出口商的有关符合协议的出口业务都可采用保理方式进行,保理商因此也能占有出口商出口业务的相当大比例。

适用范围：国际保理业务主要适合于出口商以连续发货或季节性较强的消费品，如纺织品、服装、轻工业品、印刷品、塑料制品及机电产品等，而福费廷业务则主要适用金额大、时间长、风险大的大型成套设备等资本货物的出口。

3. 主要单据及其流程的区别

在国际保理业务中，最重要的单据是出口商开出的带有"货款转让条款"的发票，规定进口商将发票金额支付给续做保理业务的保理商，从而体现应收账款的债权转移（少数情况下也由出口商另寄转让货款所有权通知书给进口商而实现债权的转让）。出口商在将发票及有关单据寄交进口商的同时，还必须将发票及有关单据的副本交给保理商，以便其对应收账款进行记账、催收和管理。

福费廷业务中最主要的单据则是体现应收账款的一系列有若干到期日（通常以六个月为间隔）的远期本票或汇票。出口商装运货物并将取得的有关单据寄交进口商，进口商开具本票或承兑已开立的以进口商为付款人的汇票，在由约定的大银行以开具保函或在每张票据上进行背书担保的形式进行保付后寄还出口商，出口商据以向福费廷机构办理贴现，每张票据在其到期时由债权买方向进口商提示要求付款。本票和汇票因其操作上的简便性、法律上的广泛共识性与可流通性，因而被作为贸易融资工具大量应用于福费廷业务中。

4. 风险承担区别

在国际保理业务中，保理商在对进口商批出信贷额度后，其有效期一般为一年，除非进口商的信用情况发生明显的变化，否则信息额度一般不会被撤销或改变。出口商在额度有效期内一切符合保理协议条件的交易都可适用国际保理方式，要求保理商对应收账款进行100%坏账担保，但保理商只承担进口商的商业信用风险即进口商因清偿能力不足而引发的货款拒付风险，而与国际贸易中相关的政治风险、国家风险和资金转移风险则不承担。福费廷业务中出口商在贴现票据后，即把所有的风险都转移给福费廷机构。

在两种业务中，由于货物品质、数量、交货期等方面的纠纷以及由其引发的进口商拒付货款的风险，保理商和福费廷机构都不承担而由出口商负责。

保理商通过对进口商确定一个信用额度而把有关的风险确定在适合于自己承担的范围之内，福费廷机构则主要通过选定进口地一家银行对票据进行担保、邀请其他投资者参与业务融资等方式而把风险控制在适于自己承担的范围之内。

5. 业务主要功能区别

国际保理业务发展至今，已成为一项国际贸易结算和融资一揽子综合服务业务，主要包括：对进口商的资信调查及评估，对信贷额度内的应收账款承担100%的信用风险责任，代收账款及应收账款管理并定期向卖方报告账务，资金融通等。

福费廷业务中出口商将远期汇票或本票让售给债权买方，后者凭进口方银行保证进行票据贴现，业务比较单一，其主要功能是出口融资，是中长期出口信贷的一种形式。

6. 有无追索权的区别

国际保理业务存在有追索权保理业务和无追索权保理业务之分，保理商一般只对信用风险承担坏账担保责任，对于商务合同本身存在争议产生的风险不承担责任。

福费廷业务，因为票据的无因性，主要以无追索权为特征，但如果票据存在虚假或欺诈的情况，出口商要承担赔偿责任。

7. 债务人抗辩权的区别

国际保理业务，根据合同法的规定，债务人因为商务合同对出口商存在的抗辩理由，可以向作为受让人的保理商提出。

福费廷业务因为票据的无因性法律特征，包买商善意接受票据并支付相应的对价，作为被背书人的持票人，债务人对出口商的抗辩不能对抗包买商。

第二节　国际保理业务流程

一、国际保理业务流程

国际保理业务一般流程如下。

（1）出口商寻找有合作前途的进口商。

（2）出口商向出口保理商提出续做保理的需求并要求为进口商核准信用额度。

（3）出口保理商要求进口保理商对进口商进行信用评估。

（4）如进口商信用良好，进口保理商将为其核准信用额度。

（5）如果进口商同意购买出口商的商品或服务，出口商开始供货，并将附有转让条款的发票寄送进口商。

(6) 出口商将发票副本交出口保理商。

(7) 出口保理商通知进口保理商有关发票详情。

(8) 如出口商有融资需求，出口保理商付给出口商不超过发票金额的 80% 的融资款。

(9) 进口保理商于发票到期日前若干天开始向进口商催收。

(10) 进口商于发票到期日向进口保理商付款。

(11) 进口保理商将款项付出口保理商。

(12) 如果进口商在发票到期日 90 天后仍未付款，进口保理商做担保付款。

(13) 出口保理商扣除融资本息（如有）及费用，将余额付出口商。

二、国际保理 edi 系统应用

edifactoring.com 是 FCI(Factors Chain International 国际保理商联合会) 的全新沟通系统，它是基于电子数据传输系统的网络系统，以集中处理和报告、信息确认和电子信箱为基础。它是一个独立的平台（硬件和软件），支持多用户同时操作。该系统如何使用，如何发报文，分步骤介绍如下。

1. 卖方信息

Business Function（功能说明）：

To provide information on a prospective seller.（提供潜在出口商的信息）；

To obtain a quote for import factoring commission from the IF.（IF 处获得进口保理佣金的报价）；

To create a new seller entry into the FSBC table.（创造一个 FSBC 表格新的出口商条目）；

To inform the IF that a factoring agreement has been signed.（通知 IF 保理协议已经签署）。

2. 预额度申请

Business Function（功能说明）：

To indicate the expected credit cover requirements on a buyer in order to assist negotiations with sellers.（要求对期望的进口商进行初步信用评估）。

Frequency（发送频率）：

Sent to the IF together with or after message.（与信息一起或之后发出）。

Sequence Restrictions（顺序限制）：

This message should be sent together with message.（必须与信息 1 一起发出）；

This message must never be used once the factoring agreement has been signed：use message 5 instead.（一旦签署保理协议，则不得发出信息 2，而由信息 5 代替）。

3. 正式额度申请

Business Function（功能说明）：

To ask the IF to open a new buyer account and to give the IF the new buyer's details.（EF 要求 IF 为新的买方开立账户，并向 IF 提供该新买方信息）；

To create a new buyer entry into the FSBC table.（向 FSBC 表新增一条买方记录）；

To request a new line or order credit cover on a buyer.（为特定买方申请新的循环额度或单笔额度）；

To notify a change of a buyer's name and address.（向 IF 通知买方名称地址的变更）。

4. 额度申请回复

Business Function（功能说明）：

To provide a credit cover decision.（IF 向 EF 通告额度核准情况）；

To add the IF's seller and buyer numbers to the FSBC table.（IF 使用自己的卖方与买方代码，并写入 FSBC 表）；

To confirm or to modify the buyer's name in the FSBC table.（IF 确认或修改 FSBC 表中的买方名称）；

To notify a change in buyer's name and address.（IF 通知 EF，买方名称地址发生了变更）。

5. 额度修改申请

Business Function（功能说明）：

To request a revision of a current credit cover different from zero.（EF 对现有额度不为 0 的买方，向 IF 提出额度修改申请）。

Frequency（何时使用）：

Sent to the IF each time a current credit cover on a buyer different from zero needs to be prolonged, increased, decreased or cancelled.（当买方额度要求

延期、增加、减少、撤销时，EF 向 IF 发送报文 7 进行申请。注意：买方额度修改前，现有额度应该大于 0；否则应该使用报文 5 申请新额度）。

Sequence Restrictions（使用顺序限制）：

This message must follow message 6.（必须在 IF 发出信息 6 之后，EF 才能发出报文 7 对已核准额度再申请额度修改）。

6. 额度修改申请回复

Business Function（功能说明）：

To prolong, increase, decrease or cancel a current credit cover different from zero.（IF 核准 EF 对买方的额度予以延期、增加、减少、撤销的申请，该买方原有额度金额应该大于 0）。

Frequency（何时使用）：

Sent to the EF each time a current credit cover different from zero is revised or as a response to message 7.（当现有买方额度变更时，IF 主动发送给 EF 报文 8；或作为对 EF 发出的报文 7 的回复。即对于报文 8，IF 可以在没有收到报文 7 的情况下，单独发送）。

Sequence Restrictions（使用顺序限制）：

This message may be sent only to revise a current credit cover. It must follow message 6 or 7.（该类报文仅能用于额度修改通知，只能发生在 IF 发出报文 6 或 EF 发出报文 7 之后）。

7. 发票和贷项清单转让

Business Function（功能说明）：

To transfer to the IF the details of invoices and credit notes assigned by the seller.（EF 向 IF 转让卖方转让的发票和贷项清单明细）。

Frequency（何时使用）：

Sent to the IF for each bundle of invoices and credit notes in the same currency received from the same seller.（向 IF 转让同一个卖方同一种币别的发票和贷项清单）。

8. 发票/贷项清单的调整/撤销

Business Function（功能说明）：

To correct administrative errors of a previously sent invoice or credit note.（更正以前发送的发票或贷项清单的系统性错误，如发票日期、到期日，但发票币

别和金额及发票号码不可修改。一张发票或贷项清单的修改,发一次报文 10);

To cancel a previously sent invoice or credit note. (取消以前发送的发票或贷项清单)。

Frequency(何时使用):

Sent to the IF each time the EF needs to correct administrative errors of a previously sent invoice or credit note, or each time the EF needs to cancel the invoice or credit note. (当 EF 需要通知 IF 以前转让的发票或贷项清单需要变更或需要撤销时,发送报文 10)。

9. 直接付款

Business Function(功能说明):

To inform the EF of one or more payments received in full, in part or on account from one or more buyers of the same seller in the same currency. (一个或多个买方对同一个卖方同一币种别的一笔或多笔全额付款、部分付款、先行付款,IF 使用报文 11 通知 EF);

To adjust a previously sent payment. (IF 用报文 11 来变更以前的付款);

To recall a previously sent "uncleared" payment. (IF 用报文 11 来撤回以前发送的未结清的付款)。

Frequency(何时使用):

Each time a payment is received from buyers. (IF 每次从买方收到付款后,需要使用报文 11 来通知 EF)。

10. 间接付款

Business Function(功能说明):

To inform the IF of one or more payments in full, in part or on account from one or more buyers of the same seller in the same currency, received directly by the EF, the seller or the seller's agent. (EF 直接从买方或卖方或卖方代理商收到的一个或多个买方对同一个卖方同一种币别的全额或部分或预先付款后,使用报文 12 将情况通知 IF);

To adjust a previously sent payment. (EF 用报文 12 来变更以前的付款);

To recall a previously sent "uncleared" payment. (EF 用报文 12 来撤回以前发送的未结清的付款)。

11. 担保付款

Business Function（功能说明）：

To inform the EF of a payment under guarantee to be made and related to one or more invoices. (IF 使用报文 13 通知 EF，一张或多张发票项下的担保付款情况)；

To inform the EF of a deduction from a payment under guarantee related to one or more credit notes. (IF 使用报文 13 通知 EF，一张或多张贷项清单下的担保付款减额情况)；

To inform the EF of a deduction from a payment under guarantee related to one or more prior payments on account. (IF 使用报文 13 通知 EF，一次或多次预先付款下的担保付款减额情况)。

12. 争议提出

Business Function（功能说明）：

To raise a dispute on an outstanding or already paid invoice(s), credit note(s), on a payment, on a combination thereof, or on a complete buyer's account. (IF 或 EF 对未结清或已付款的发票、贷项清单、预先付款，或前述的多项，或整个买方账户提出争议，使用报文 14 提出。争议可以由买方提出，也可以由卖方提出；可以在付款前提出，也可以在付款后提出)。

Frequency（何时使用）：

Each time a new dispute is raised. This message is sent by the party firstly notified of the dispute. (每次发生新的争议时，使用报文 14；该报文由首先通知争议的一方发出)。

Sequence Restrictions（使用顺序限制）：

This message must follow one or more messages 9, 11 or 12 to which the dispute is related. (该报文提出的争议，必须在相关报文如 9,11,12 发出之后，才能发出)。

13. 有关争议信息或争议解决

Frequency（何时使用）：

As needed to correspond on or to settle a dispute. (当需要回复争议或解决争议时使用)。

It will also be generated automatically by the system for all disputed invoices that are charged back, reassigned or paid in full. (对于所有有争议的需回购的发票或全部付清的发票,系统也会自动发送此报文)。

Sequence Restrictions(使用顺序限制):

This message must follow the message 14 to which it is related. (此报文应在发送相关的报文 14 后使用)。

14. 回购和反转让

Business Function(功能说明):

To inform the EF of amounts charged back by the IF and resulting from payment differences (higher than authorised deductions) that cannot be collected from buyers. [告知 EF 由 IF 回购的数量,以及因为无法从买方处收回的支付款差异(高于被授权的扣减额)];

To reassign to the EF/seller invoices or credit notes previously assigned to the IF. (把先前转让给 IF 的支票或贷项清单反转让给 EF/卖方)。

Frequency(何时使用):

Sent to the EF together (if possible) with the related Payment message 11. [与报文 11 一起(如可能)发送给 EF];

Sent to the EF each time an invoice, a credit note or a payment is reassigned. (需再转让发票、贷项清单或预先付款时发送给 EF)。

Sequence Restrictions(使用顺序限制):

This message must follow the message 9 or 11 to which the rest amounts charged back are referred, or must follow one or more messages 9 to the documents reassigned. (在出现回购时,该信息在报文 9 或 11 之后发出,在单据反转让时,在报文 9 之后发出)。

15. 保理佣金和其他费用

Business Function(功能说明):

To invoice to the EF the import factoring commission due and to providea summary of the commission charges. (开出发票给 EF 通知其进口保理佣金总额);

To invoice charges for miscellaneous services and to provide specification of those charges. (或开出发票给 EF 通知其其他服务费用)。

Frequency(何时使用):

Factoring commission: according to the agreement between EF and IF. It is recommended to charge commissions on a monthly basis. (保理佣金：根据 EF 和 IF 的协议，建议按月支付）；

Other charges: each time the IF invoices for miscellaneous services. (其他费用：IF 每次开出发票时）。

16. 终止保理协议/谈判

Business Rules (交易规则）：

The reason of termination must be stated in the field "reason of termination". (必须给出终止协议的原因）；

If the EF has special instructions for the IF, the field "instructions" must be used. (如果对 IF 有特殊指示，在"instructions"给出）。

参考文献

1. 德勤华永会计师事务所有限公司企业风险管理服务组(2009),《构建风险导向的内部控制》,中信出版社。
2. 赵晓菊(2008),《信用风险管理》,上海财经大学出版社。
3. 刘郁菲(2009),"商业银行信用风险管理",《财经研究》2009 年第 18 期。
4. 深圳发展银行-中欧国际工商学院"供应链金融"课题组(2009),《供应链金融——新经济下的新金融》,上海远东出版社。
5. 中国租赁联盟(2014),《2013 年中国租赁蓝皮书》。
6. 《商业银行资本管理办法》(试行),中国银行业监督管理委员会 2012 年 6 月。
7. 《商业银行操作风险管理指引》,中国银行业监督管理委员会 2007 年 5 月。
8. 孙涛(2008),"商业银行操作风险的成因及其对策研究",《价格月刊》2007 年第 1 期。
9. 阎庆民(2012),《中国商业银行操作风险研究》,中国经济出版社。
10. 周玮(2014),《商业银行操作风险管理暨内部控制评价理论与方法》,中国金融出版社。
11. 安娜·S. 彻诺拜、斯维特洛扎·T. 维特夫、法兰克·J. 法伯兹,龙海明译(2010),《操作风险——新巴塞尔协议资本要求、模型与分析指南》,东北财经大学出版社。
12. 《商业银行信息科技风险管理指引》,中国银行业监督管理委员会 2009 年 6 月。
13. 《中国金融认证中心(CFCA)应用安全技术方案》,中国金融认证中心。
14. 陈旭辉(2014),"大数据背景下的保理创新探索",《金融 & 贸易》2014 年第 2 期. 中国外汇网 www2.chinaforex.com.cn。
15. 快钱保理(2013),《快钱保理业务信息系统需求说明书》。
16. 快钱保理(2014),《快钱保理专刊》2014 年第 2 期。
17. 史征(2006),"国际保理结算的比较优势与风险",《商业时代》2006 年第

20 期。

18. 吴胜林、张一帆(2005),"我国国内保理业务的信用风险分析",《江西青年职业学院学报》2005 年第 3 期。

19. 邵爱军(2010),《我国商业银行国际保理业务的欺诈风险与防范研究》,复旦大学出版社。

20. 高金玲、郁玉环、吕剑(2011),"浅析利用银行的保理业务防范应收账款坏账风险",《商业会计》2011 年第 9 期。

21. 刘小涵、杨方宁(2014),"浅谈商业保理的风险控制",《时代金融》2014 年第 21 期。

22. 马诗丽、杨靖东(2009),"应收账款风险转移途径的思考与展望",《公用事业财会》2009 年第 4 期。

23. 张弛(2013),"我国商业保理现状及未来发展趋势",《商业会计》2013 年第 19 期。

24. 林孝成(2006),"国际双保理各当事人面临的风险及其防范",《商业时代》2006 年第 16 期。

25. 李文书(2014),《商业保理理论与实务》,中国民主法制出版社。

图书在版编目(CIP)数据

商业保理风险管理实务与案例/聂峰,谈亮,马泰峰主编. —上海:复旦大学出版社,
2016.4(2022.6 重印)
商业保理培训系列教材
ISBN 978-7-309-12180-3

Ⅰ. 商⋯ Ⅱ. ①聂⋯②谈⋯③马⋯ Ⅲ. 商业银行-商业服务-风险管理-教材 Ⅳ. F830.33

中国版本图书馆 CIP 数据核字(2016)第 047770 号

商业保理风险管理实务与案例
聂　峰　谈　亮　马泰峰　主编
责任编辑/徐惠平　姜作达

复旦大学出版社有限公司出版发行
上海市国权路 579 号　邮编:200433
网址:fupnet@fudanpress.com　http://www.fudanpress.com
门市零售:86-21-65102580　团体订购:86-21-65104505
出版部电话:86-21-65642845
常熟市华顺印刷有限公司

开本 787×960　1/16　印张 10.5　字数 168 千
2022 年 6 月第 1 版第 4 次印刷

ISBN 978-7-309-12180-3/F·2257
定价:25.00 元

如有印装质量问题,请向复旦大学出版社有限公司出版部调换。
版权所有　　侵权必究